Jeux de FLE
Étude de la langue

Niveau Élémentaire
Élèves Allophones

Jeux

Livret de jeux
par Marie-Pierre Serra

© 2025 TBR Books — CALEC
New-York — Paris
ISBN 978-1-63607-467-2

CONSIGNES

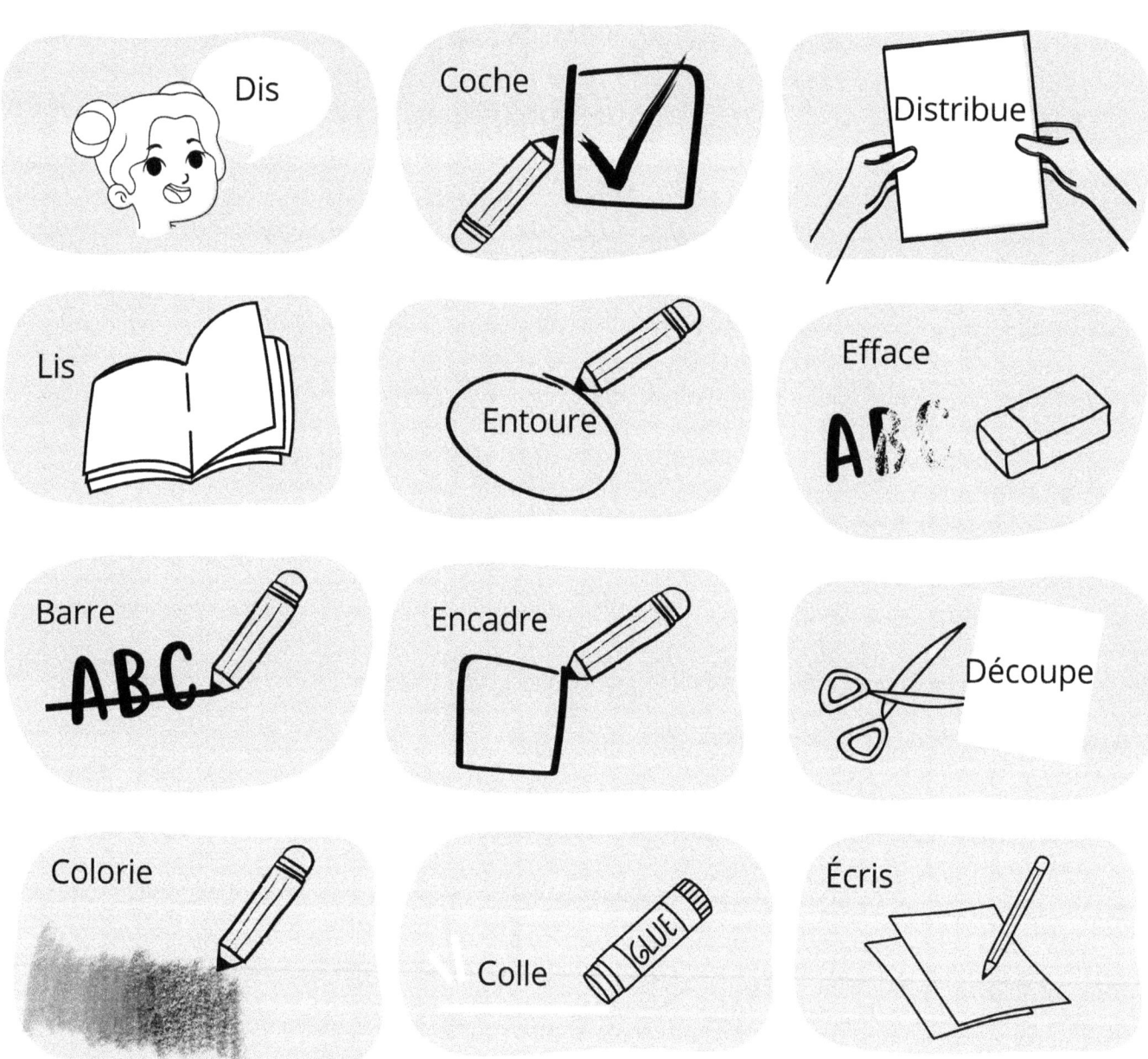

Pour trouver le jeu correspondant à une leçon, regarde le code de la leçon. Par exemple, pour la leçon O-1, tu peux jouer au jeu O-1.

Que veulent dire les lettres avant le numéro de la leçon ? O comme orthographe, G comme grammaire et C comme conjugaison !

SOMMAIRE

ORTHOGRAPHE

O-1	L'alphabet	p.1
O-2	Remue-méninges	p.2
O-2	Jeu de l'oie	p.3
O-3	Jeu, 7 et « match » : les valeurs de la lettre G	p.5
O-4	Jeu, 7 et « match » : les valeurs de la lettre C	p.13
O-5	Les sons complexes vocaliques	p.20
O-5	Pizza partie	p.21
O-6	La roue de l'élision	p.23

GRAMMAIRE

G-1	Les majuscules	p.29
G-1	Défi minuté (A1 et A2)	p.30
G-2 n°1	Puzzle ponctuation	p.33
G-2 n°2	Le bon point	p.35
G-3	Dominos des négations	p.36
G-4	2 pour 1	p.40
G-5	Bataille singulier - pluriel	p.42
G-6 n°1	Memory des articles	p.48
G-6 n°2	La chasse au trésor	p.49
G-7	L'arbre	p.50
G-8	Jeu des 8 familles : masculin / féminin (A1)	p.55
G-8	Jeu de mémory triple : masculin / féminin (A2)	p.60
G-9	C'est à moi !	p.64

G-10	C'est à toi !	p.65
G-11	C'est à elle ! C'est à lui !	p.66
G-12	C'est à nous !	p.67
G-13	C'est à vous !	p.68
G-14	C'est à eux ! C'est à elles !	p.69
G-15	À chacun sa place ! (A2)	p.70
G-16	Tangrams des démonstratifs	p.77
G-18	Atelier autonome : les couleurs	p.86

CONJUGAISON

C-1	Jeu de dé des pronoms personnels	p.93
C-2	La 3e personne	p.96
C-3 n°1	Le mime	p.98
C-3 n°2	La chasse aux verbes	p.99
C-4	Les étiquettes de conjugaison : être	p.101
C-5	Les étiquettes de conjugaison : avoir	p.102
C-6	Les étiquettes de conjugaison : faire	p.103
C-7	Les étiquettes de conjugaison : pouvoir	p.104
C-8	La marelle à conjuguer	p.105
C-9	Action !	p.106
C-10	Les étiquettes de conjugaison : aller	p.108
C-11	La boule de cristal	p.109
C-12	Les étiquettes de conjugaison : venir	p.111
C-13	Les étiquettes de conjugaison dire	p.112
C-14	Les étiquettes de conjugaison : vouloir	p.113
C-15	Les étiquettes de conjugaison : prendre	p.114

C-16	Remue-méninges : le passé composé	p.115
C-17	Mémory du passé composé 1	p.116
C-18	Mémory du passé composé 2	p.117

VOCABULAIRE .... pages 118 à 123

ACTIVITÉS PÉDAGOGIQUES

G-7	Je plie, je dis	p.125
G-9 à G-15	C'est à qui ? : les déterminants possessifs	p.137
G-16	Origami des démonstratifs	p.140
G-17	Mots-mêlés	p.142
C-2	Ainsi font, font, font...	p.146
C-4	Planche images : verbe être	p.147
C-5	Planche images : verbe avoir	p.147
C-6	Planche images : verbe faire	p.148
c-7	Planche images : verbe pouvoir	p.148
C-10	Planche images : verbe aller	p.149
C-11	La ligne du temps : futur proche	p.149
C-12	Planche images : verbes venir	p.151
C-13	Planche images : verbe dire	p.151
C-14	Planche images : verbe vouloir	p.152
C-15	Planche images : verbe prendre	p.152
C-16	La ligne du temps : passé composé	p.153

À propos de l'autrice	p.156
À propos de CALEC	p.157
À découvrir	p.158
Lire en 2 langues	p.160

ORTHOGRAPHE

JEU 0-1 — L'ALPHABET

FABRIQUE TA PANCARTE !

1. **Écris** « Dis-moi » sur six petites feuilles de papier.

2. **Découpe** à la taille souhaitée.

3. **Fixe** chaque papier sur un bâtonnet de bois à l'aide de scotch.

VOILÀ !

4. **Prépare** 3 étiquettes pour les voyelles :
« Dis-moi 1 voyelle » / « Dis-moi 2 voyelles » / « Dis-moi 3 voyelles »

5. **Prépare** 3 étiquettes pour les consonnes :
« Dis-moi 1 consonne » / « Dis-moi 2 consonnes » / « Dis-moi 3 consonnes »

6. Parle avec tes camarades !

ACTIVITÉ 0-2

REMUE-MÉNINGES

Avec tes camarades, amuse-toi
à remplir les carnets ci-dessous !

LETTRES **SYLLABES** **MOTS**

JEU DE L'OIE

JEU 0-2

POUR JOUER, TU AS BESOIN...

- d'un dé
- de pions

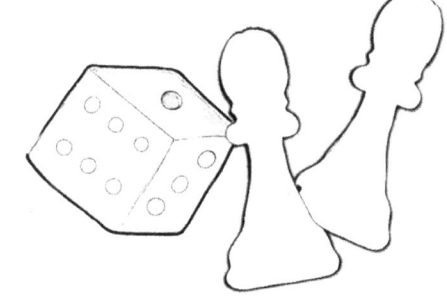

DÉROULEMENT

- Tous les pions sont sur la case départ.
- Le premier joueur qui fait un 6 démarre.
- Le joueur qui tombe sur l'oie rejoue.
- Sur chaque case, le joueur doit dire si ce qu'il voit est une lettre, une syllabe ou un mot. Si le joueur ne dit pas la bonne réponse, il retourne sur la case où il était.
- Le premier joueur qui atteint la case « arrivée » a gagné !

> C'est une lettre !

> C'est une syllabe !

> C'est un mot !

 DÉPART LA M ROSE  RO LUNDi

A

SI  W RÈGLE VU ORANGE

STYLO

SAMEDi LO R BÉ COLLE

VENDREDi  T

B PAR F ViOLET NOiR

PUR ROUGE

 ARRiVÉE BLEU S GOMME

JEU, 7 ET « MATCH »

JEU 0-3

MATÉRIEL

- 2 petites boîtes (une avec les balles-mots, l'autre avec les balles-images)
- « Raquettes » plastifiées
- « Balles-mots » et « balles-images » plastifiées

DÉROULEMENT

- Ce jeu se joue à 2, face à face.
- Chacun a une raquette sur sa table.
- Au milieu, il y a une boîte avec les balles-mots retournées.
- A côté, les balles-images sont empilées, face retournées.
- Chaque joueur prend chacun son tour une balle-mot sans lire le mot (chacun a donc 7 balles-mots retournées).
- La partie peut commencer…
- Chaque joueur, à tour de rôle, retourne une balle-mot. Si le mot contient la syllabe indiquée sur la raquette, il la pose sur la raquette. Si le mot ne contient pas la syllabe, il lance la balle-mot à l'autre joueur.
- Celui (ou celle) qui a trouvé les 7 mots crie « Jeu ! », et donne la ou les balles-mots qui restent à son adversaire.
- Même chose avec les balles-images, chacun à tour de rôle.
- Le premier qui a réussi à associer images et mots crie « Jeu, 7 et match ! »

GÂTEAU

MAGASIN

GALETTE

GAZ

BAGAGE

GARAGE

GARE

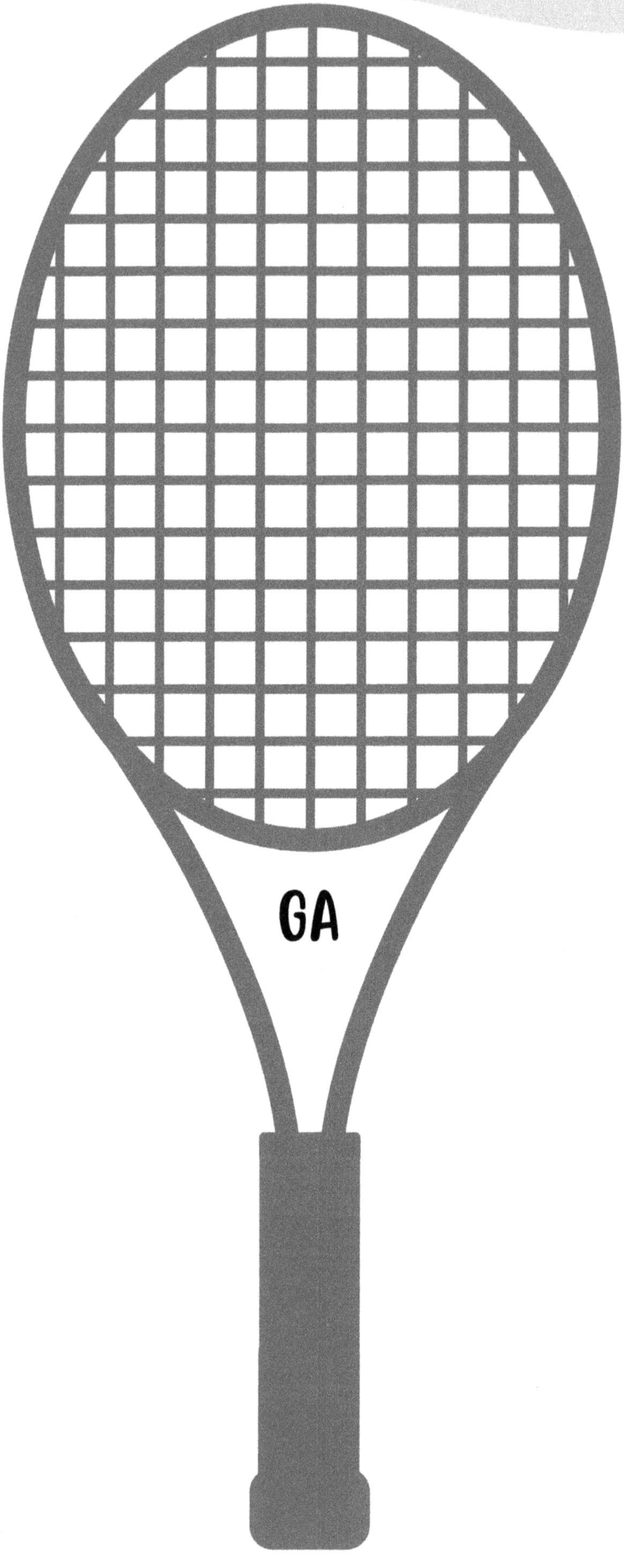

GA

GORILLE

ESCARGOT

GOMME

GORGE

GOBELET

GIGOT

BÉGONIA

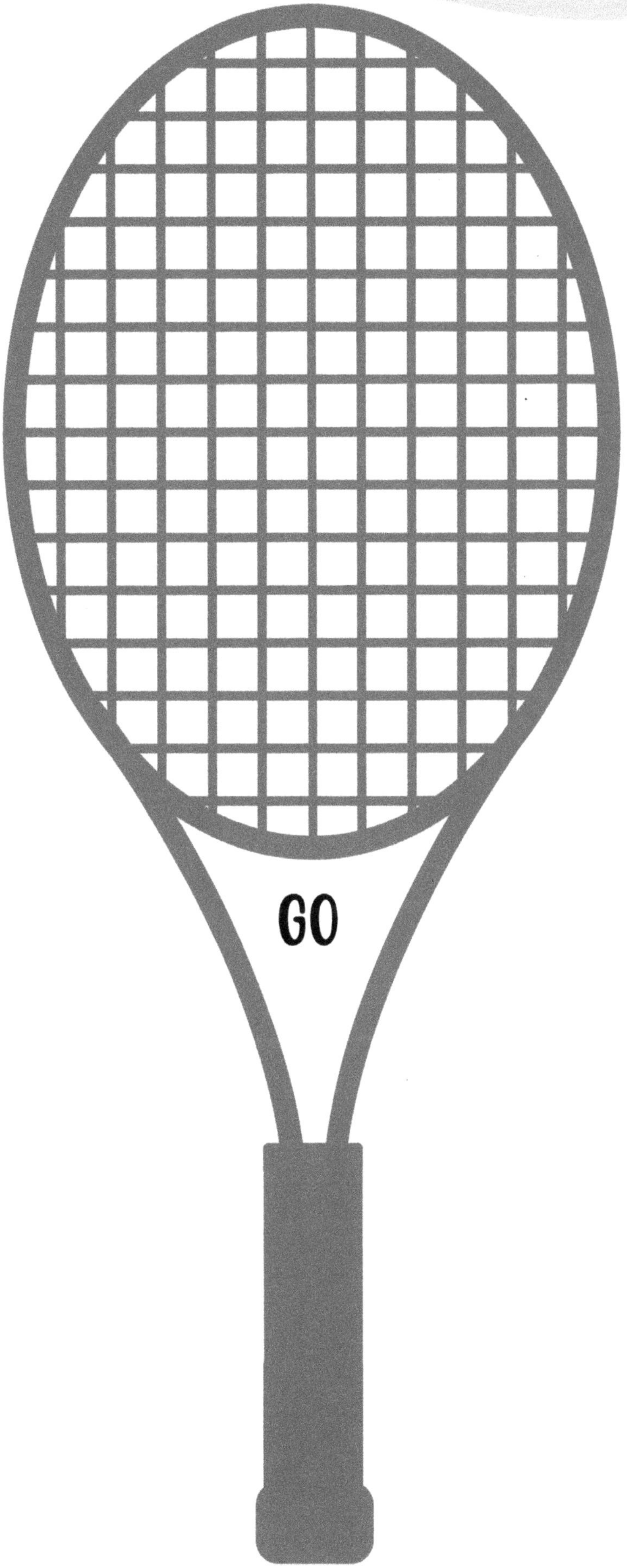

GO

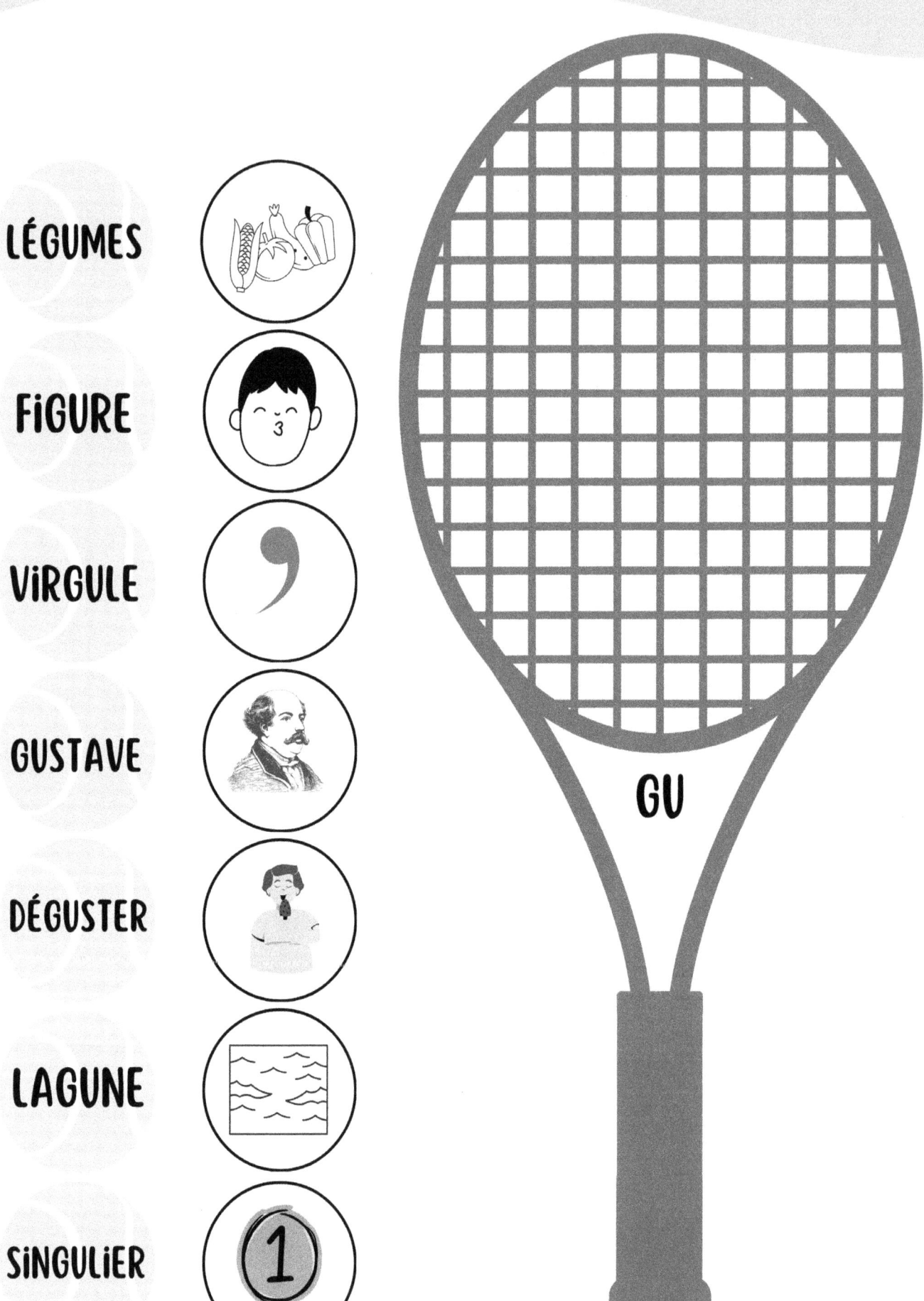

Colorie en rouge

ROUGE

FROMAGE

CAGE

ÉPONGE

ORANGE

BAGAGE

NUAGE

GE

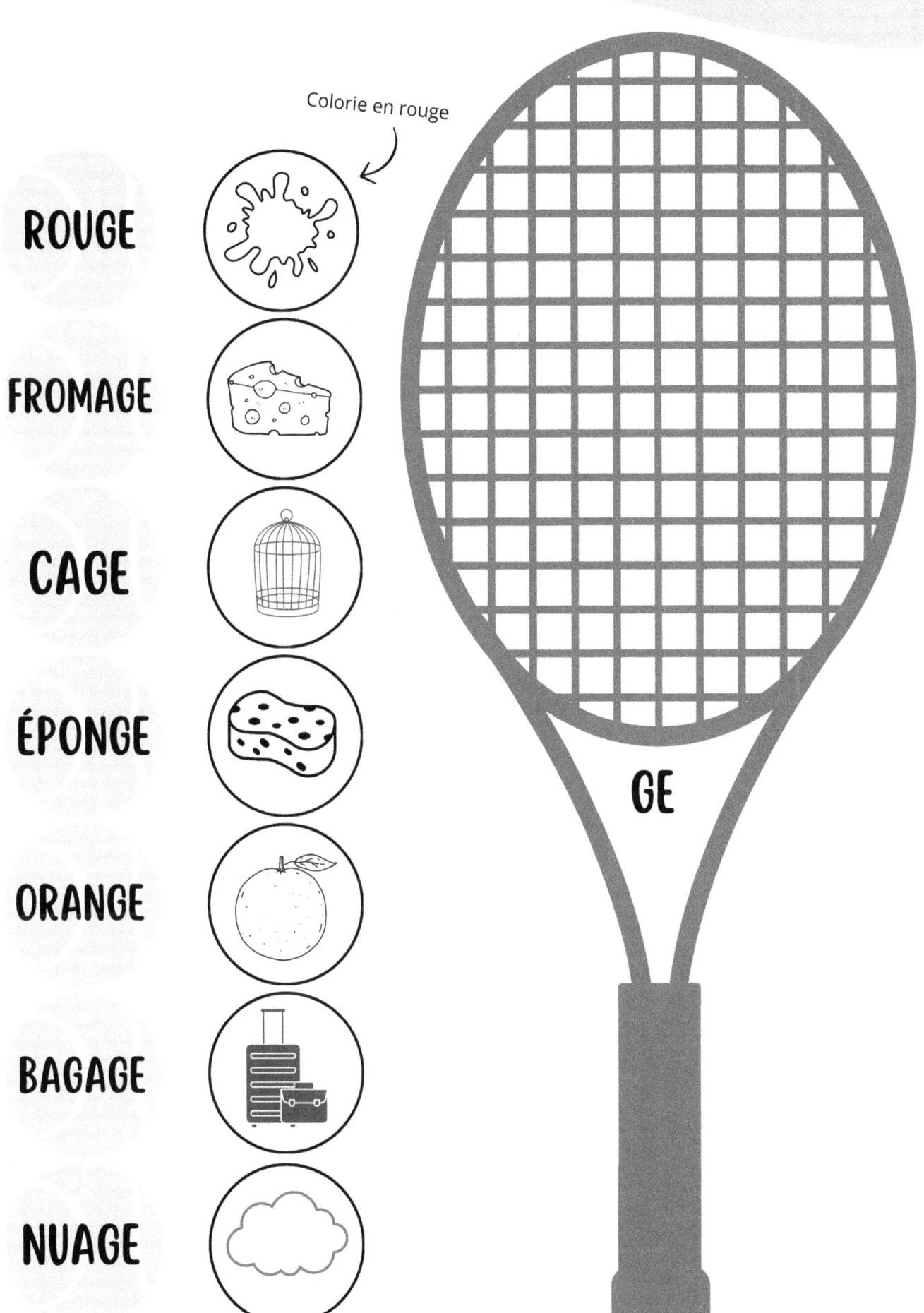

GIRAFE

MAGIE

BOUGIE

GYMNASTE

GIGOT

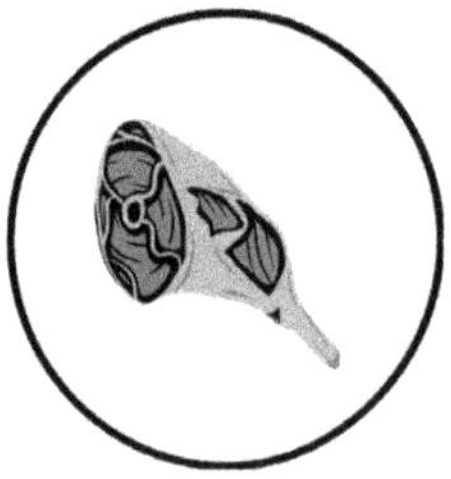

GILET

ÉGYPTE

Gi
GY

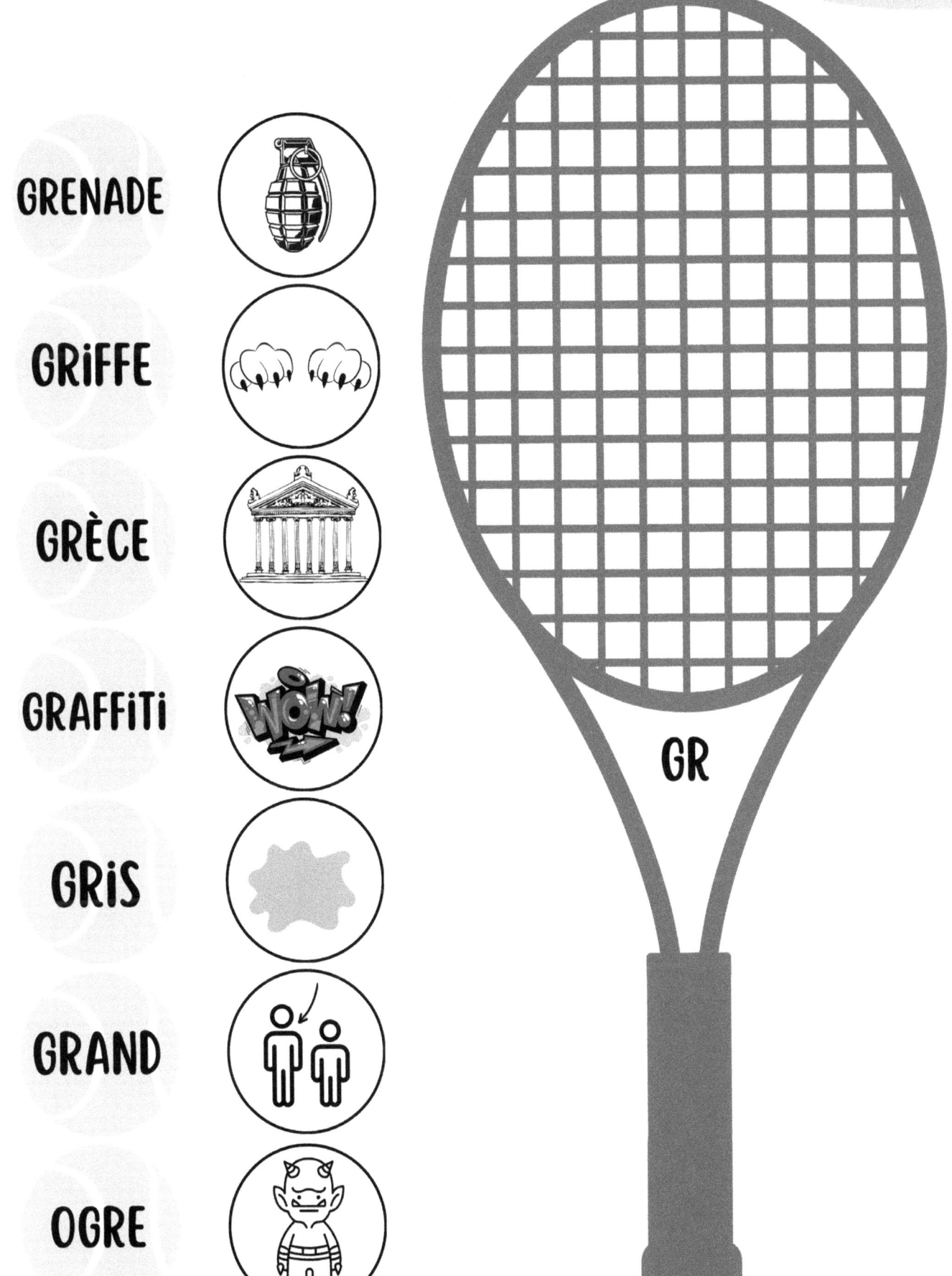

GRENADE

GRIFFE

GRÈCE

GRAFFITI

GRIS

GRAND

OGRE

GR

GLACE

RÈGLE

GLAND

GLAÇON

GLISSER

GLOBE

ONGLE

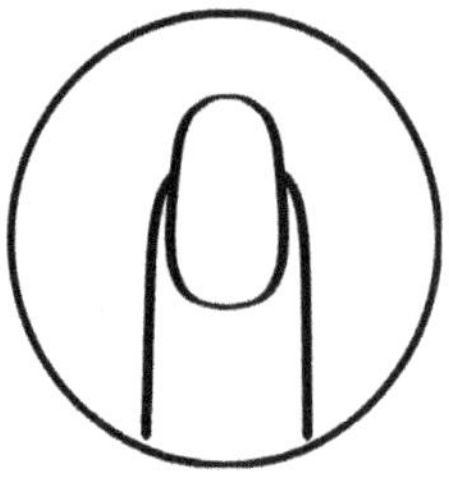

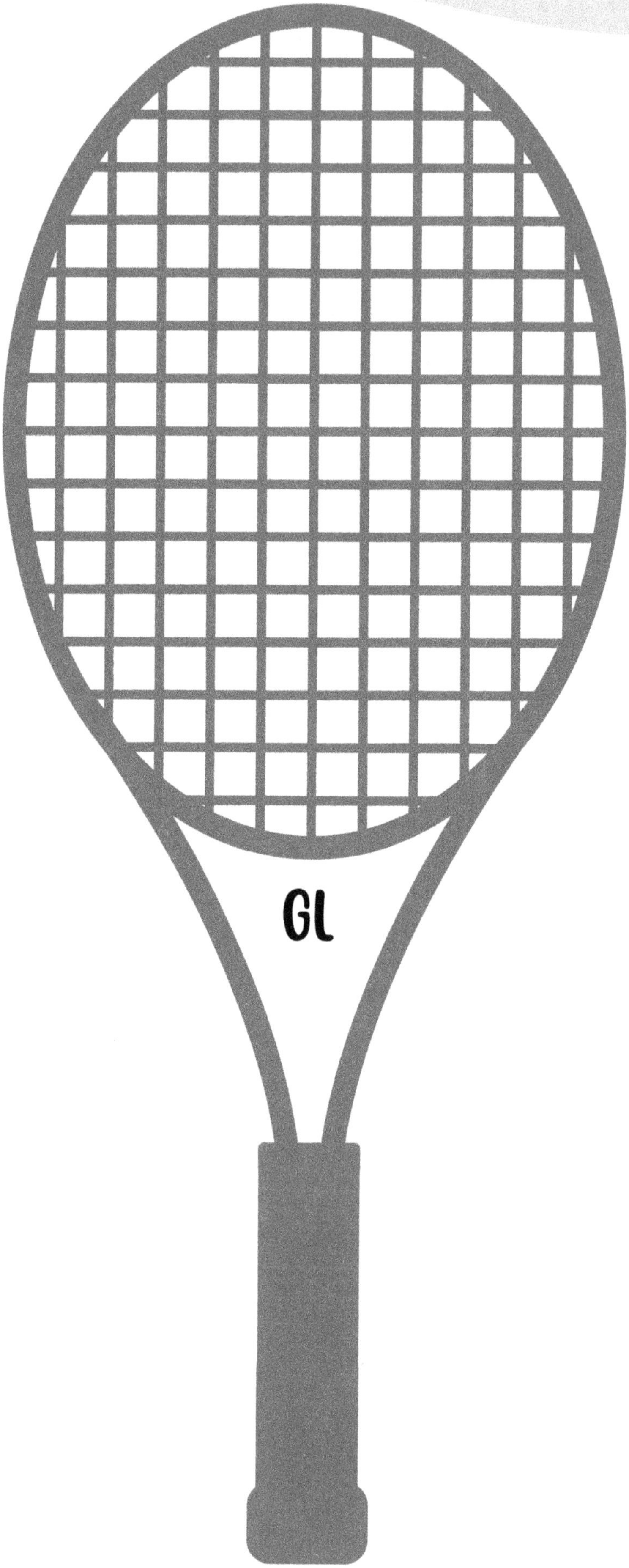

GL

JEU 0-4

CAFÉ

CADEAU

CABANE

AVOCAT

CAGE

CARIE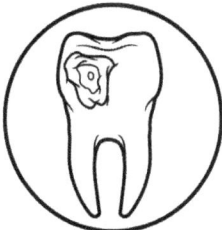

CICATRICE

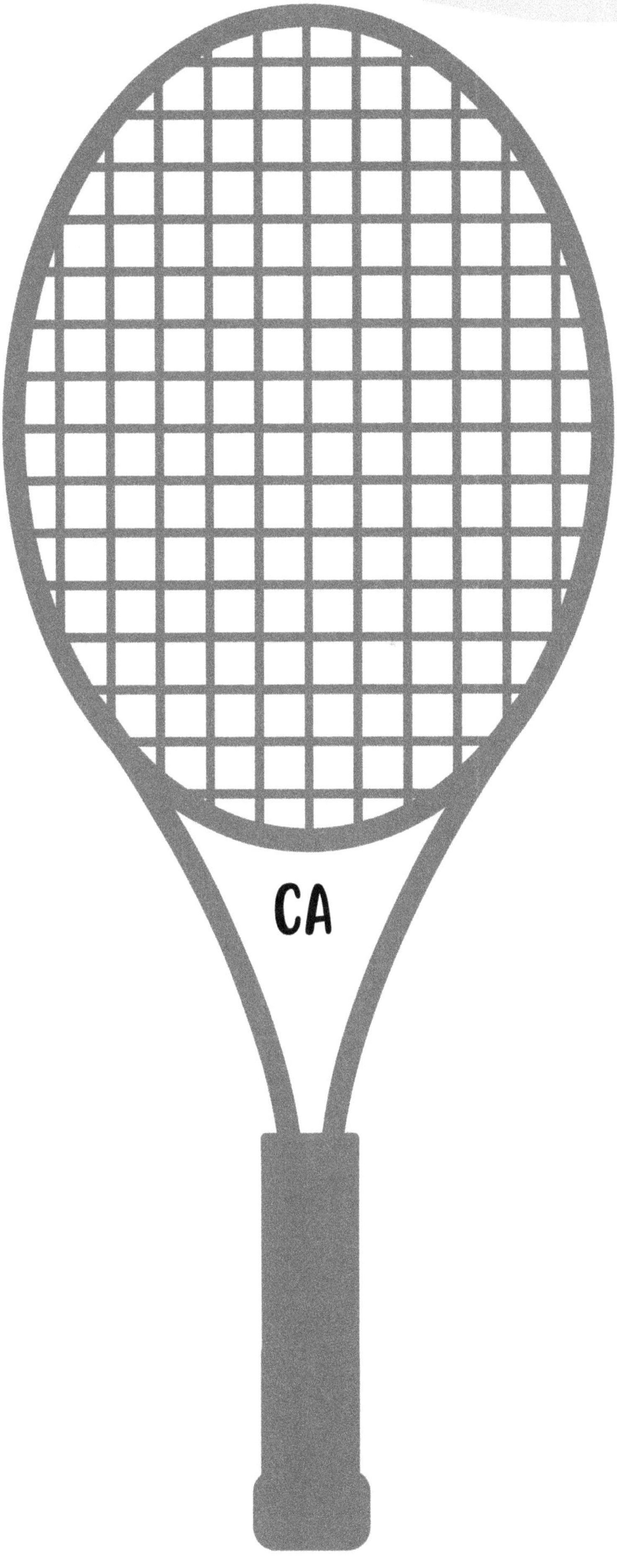

CA

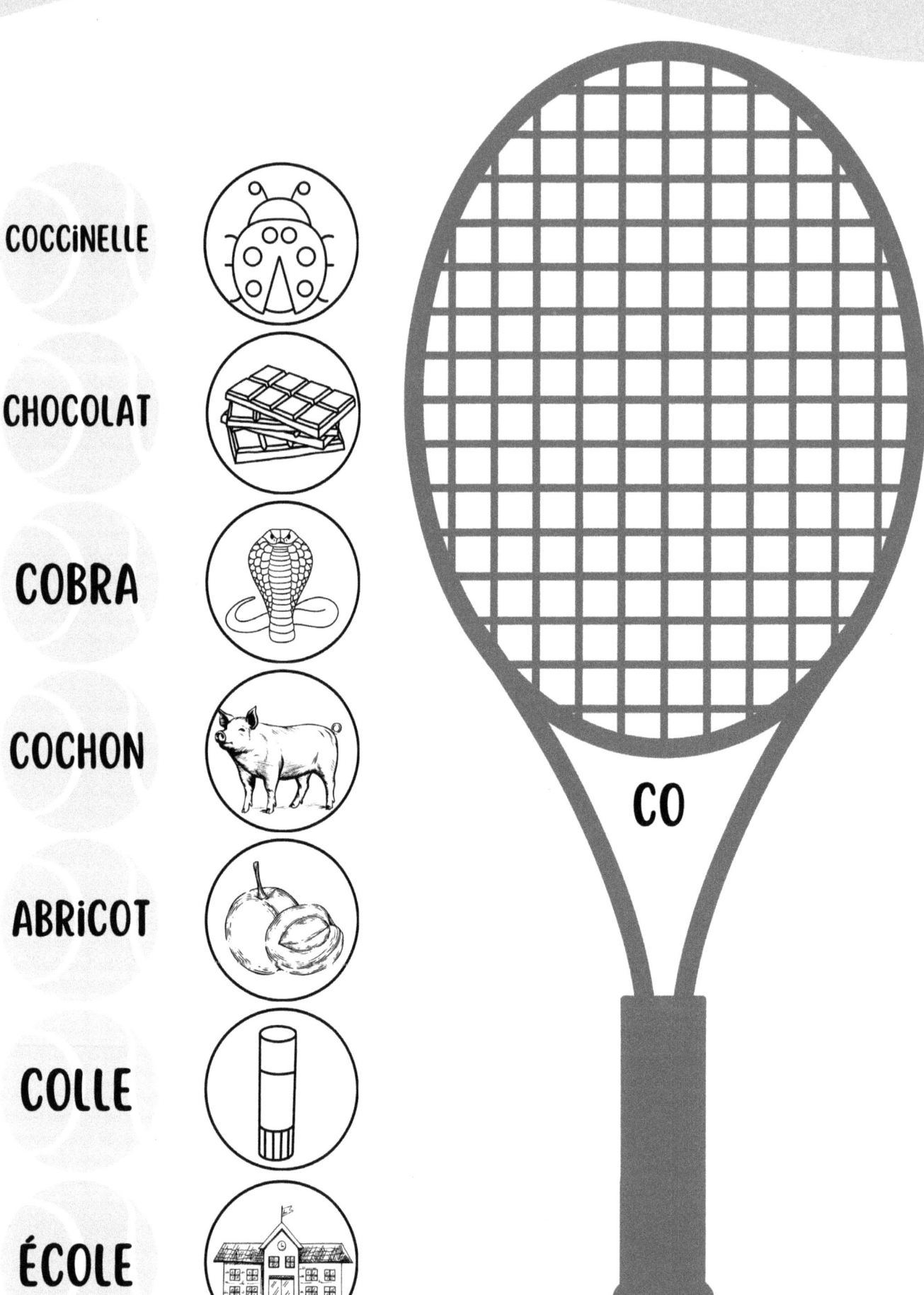

COCCINELLE

CHOCOLAT

COBRA

COCHON

ABRICOT

COLLE

ÉCOLE

CO

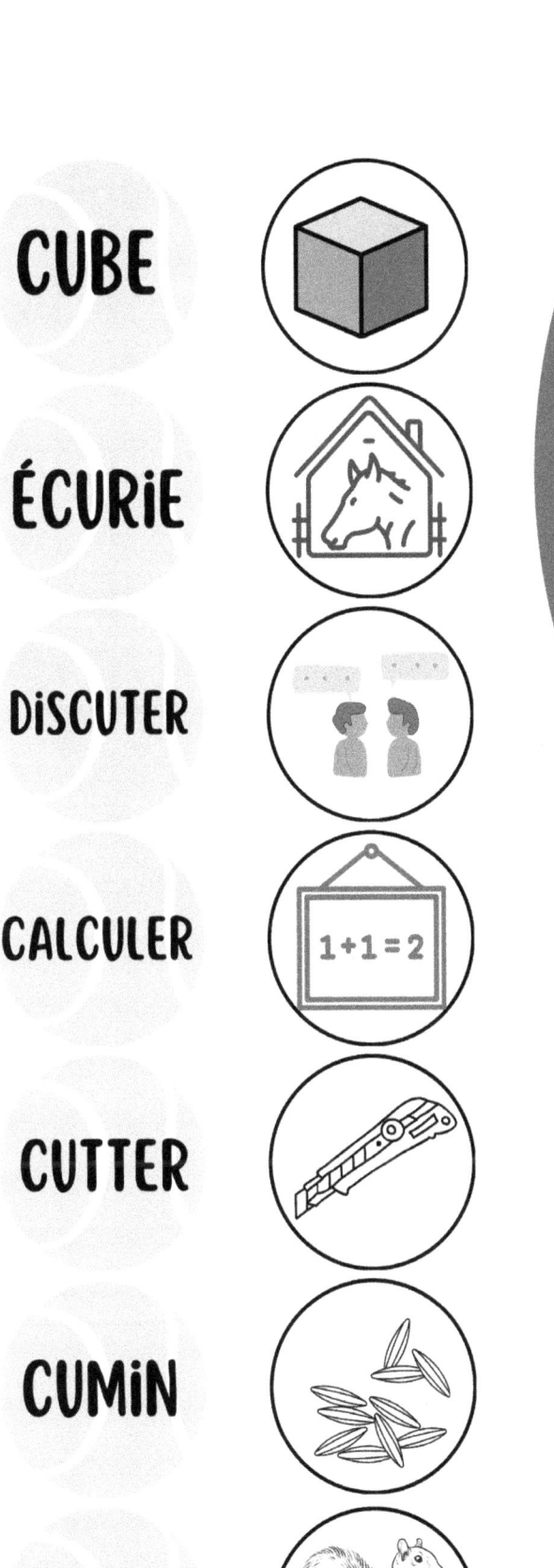

CUBE

ÉCURIE

DISCUTER

CALCULER

CUTTER

CUMIN

ÉCUREUIL

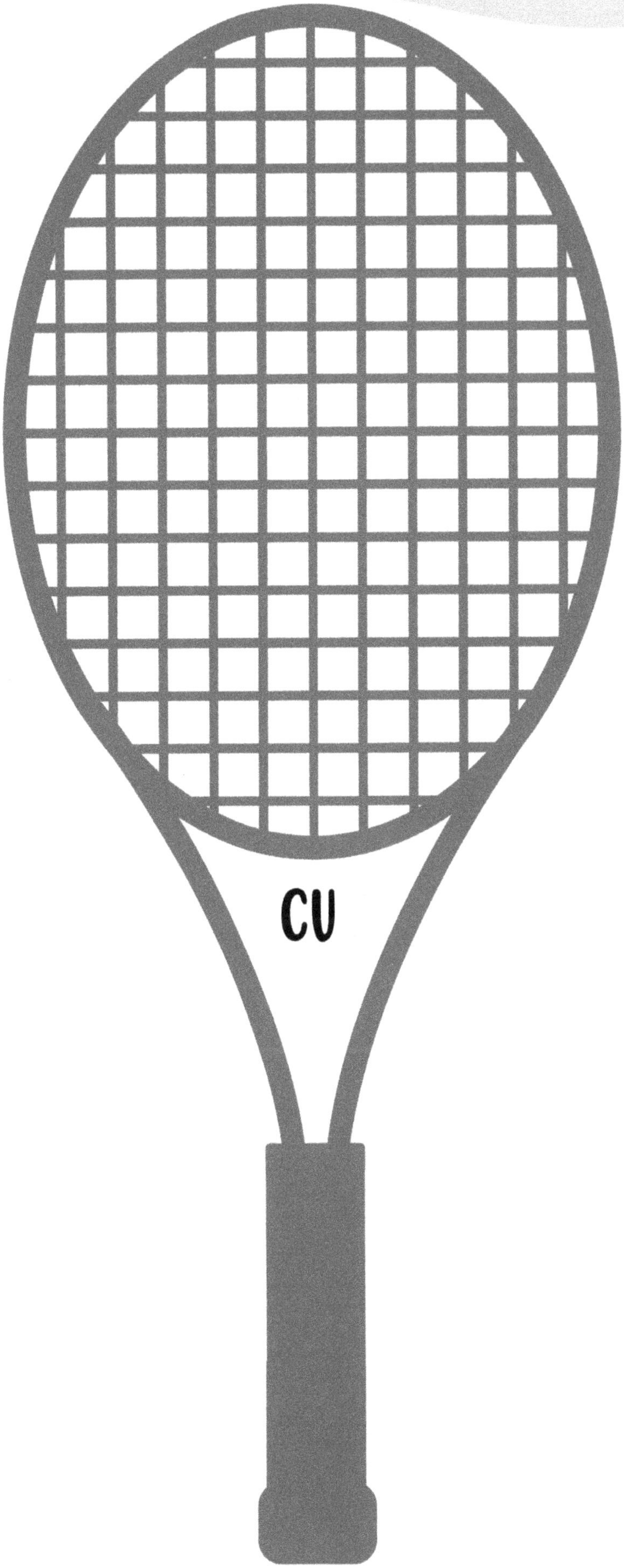

CU

CERISE

LIMACE

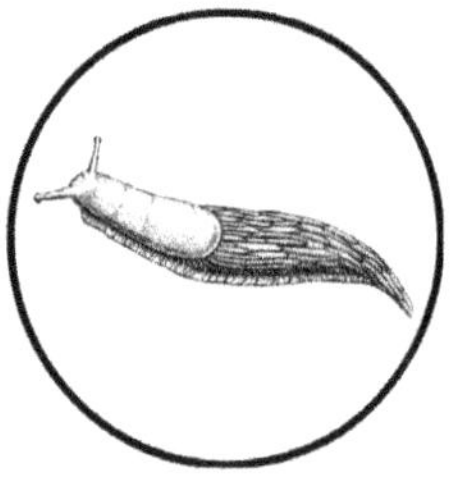

POUCE

HÉLICE

FRANCE

PINCE

BRACELET

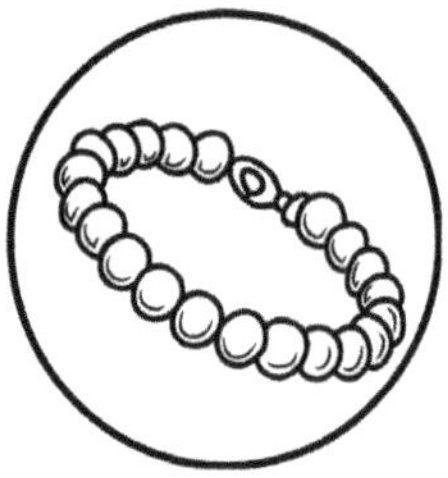

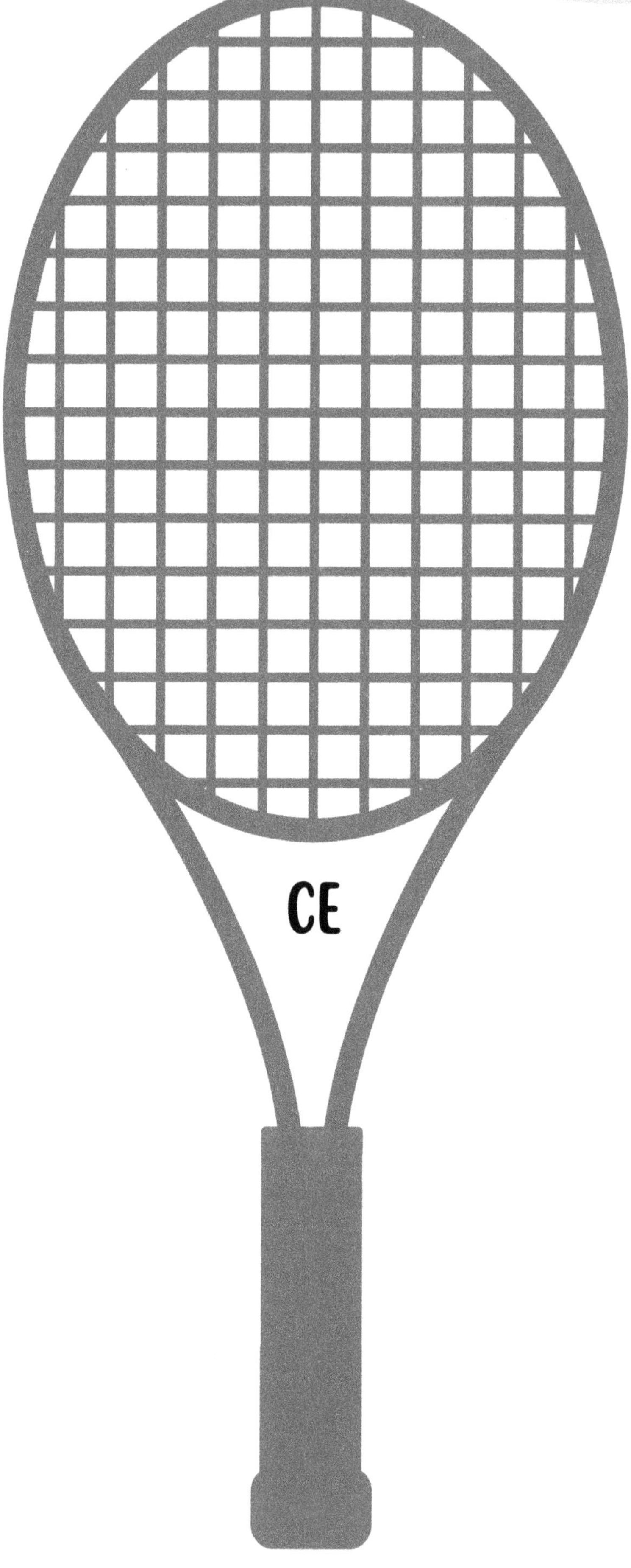

CE

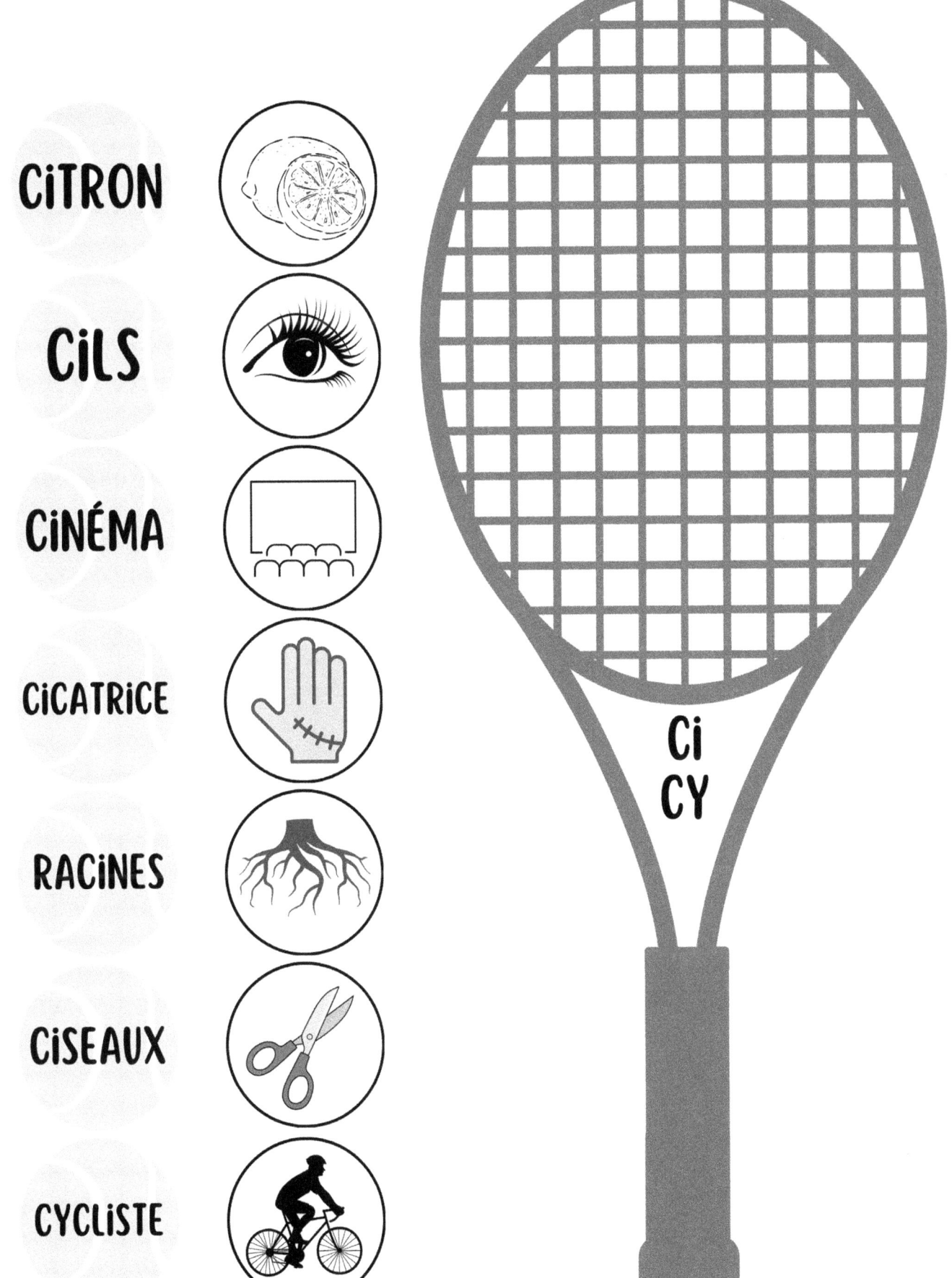

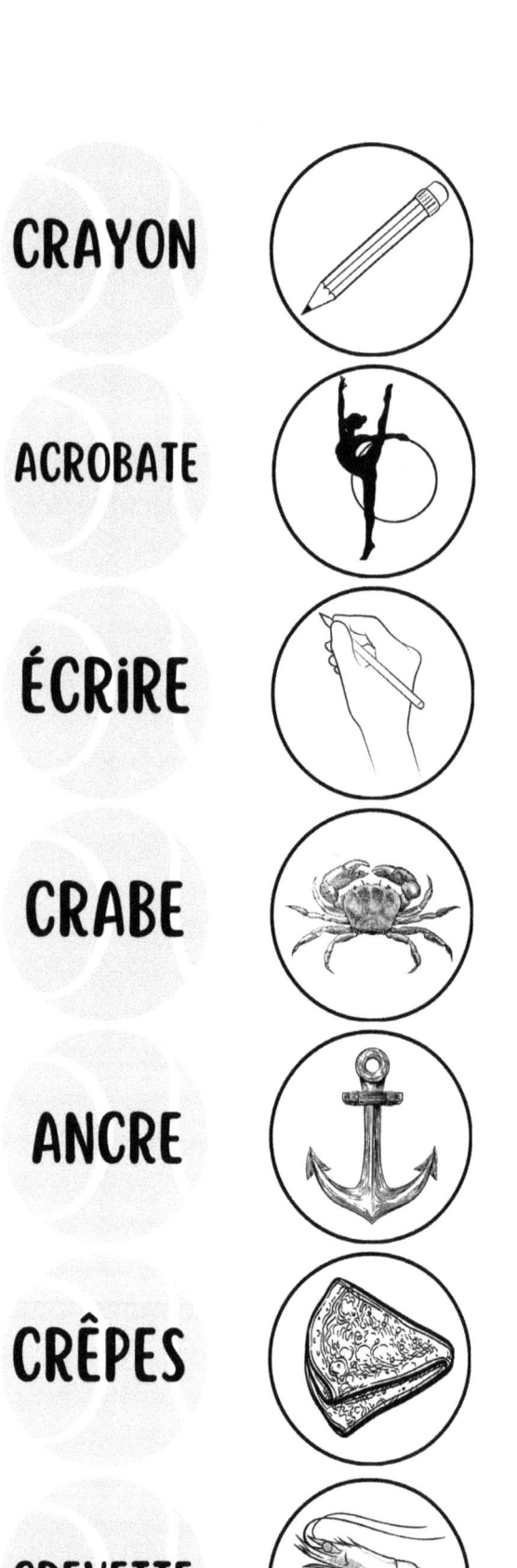

CRAYON

ACROBATE

ÉCRIRE

CRABE

ANCRE

CRÊPES

CREVETTE

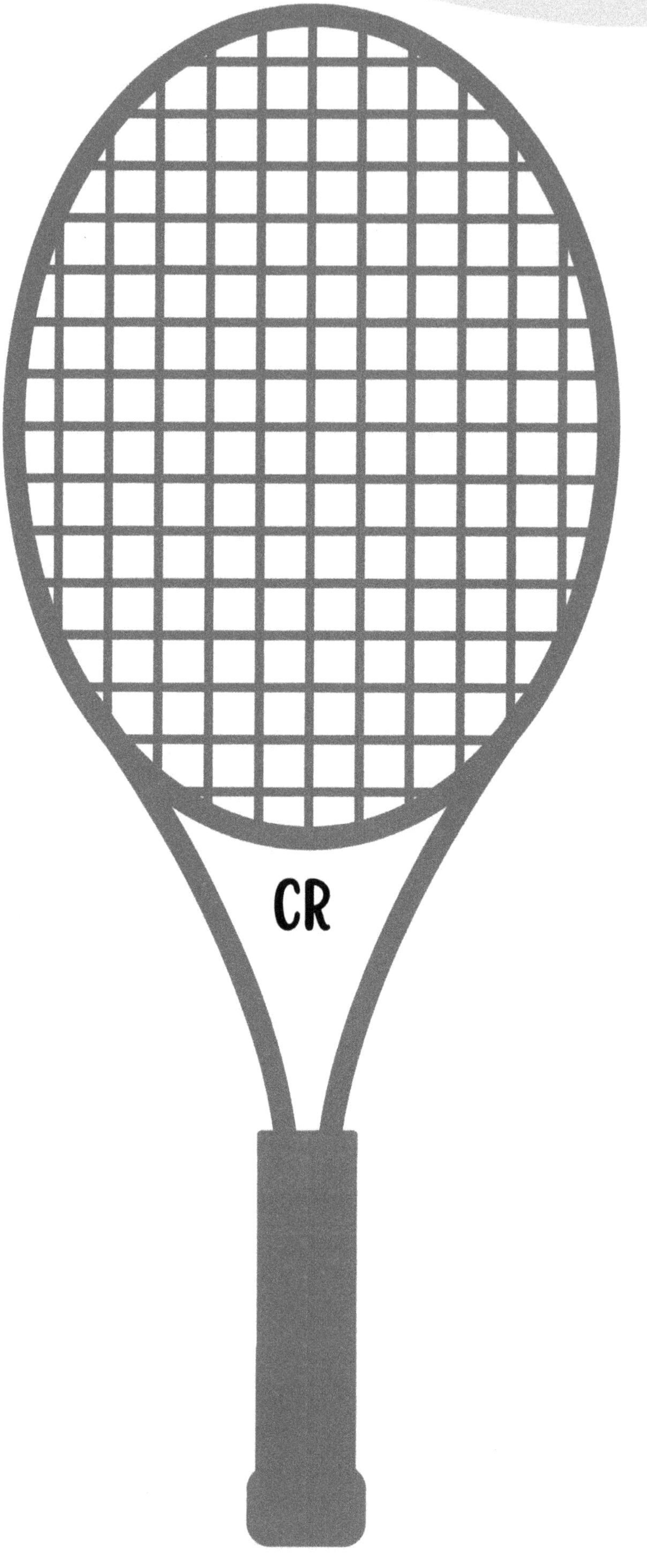

CR

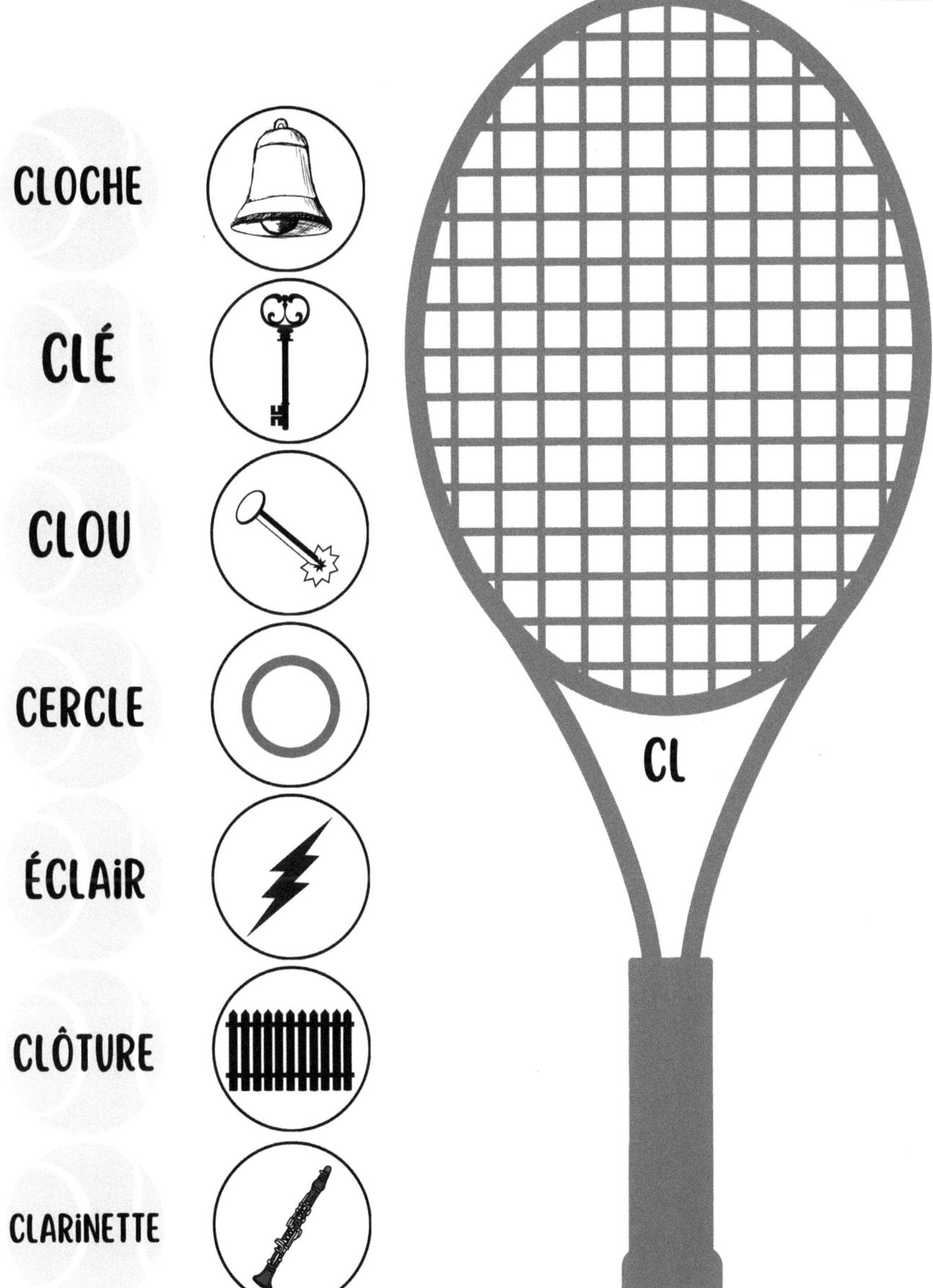

- CLOCHE
- CLÉ
- CLOU
- CERCLE
- ÉCLAIR
- CLÔTURE
- CLARINETTE

CL

RAPPEL 0-5

LES SONS VOCALIQUES

ROUGE	NOIR	MARR<u>ON</u>	OR<u>AN</u>GE
OU	OI	ON - OM	AN-AM / EN-EM

B<u>EI</u>GE	J<u>AU</u>NE	VIOL<u>ET</u>	BL<u>EU</u>
Ê-È-E-AI-EI	O-AU-EAU	É-ET-ER-EZ	E-EU-OEU

F<u>ILL</u>E	CAH<u>IER</u>	C<u>IN</u>Q	CH<u>IEN</u>
ILL-Y-OUILLE / AIL-AILLE / EIL-EILLE / EUIL-EUILLE	IER	IN-IM / AIN-AIM / EIN-EIM	IEN

(À colorier)

PIZZA PARTIE

JEU 0-5

PRÉPARATION

- La planche de pizzas est plastifiée.
- Découper les pizzas en parts.
- Mélanger.
- Placer dans une petite boîte.

POUR 1 JOUEUR

- Associer son/image/mot

POUR 2 JOUEURS

- Reconstituer le cercle en alternance :
    - Un joueur a tous les triangles « comme » et « images » ;
    - L'autre joueur a tous les triangles « sons » et « mots ».

POUR 4 JOUEURS

- Reconstituer le cercle chacun son tour :
    - Un joueur a les triangles « sons » ;
    - Un joueur a les triangles « comme » ;
    - Un joueur a les triangles « mots » ;
    - Un joueur a les triangles « images ».

(À colorier)

 AN comme or**an**ge

 OU comme r**ou**ge

 AU comme j**au**ne

 ON comme marr**on**

 ill comme fi**ll**e

 iER comme cah**ier**

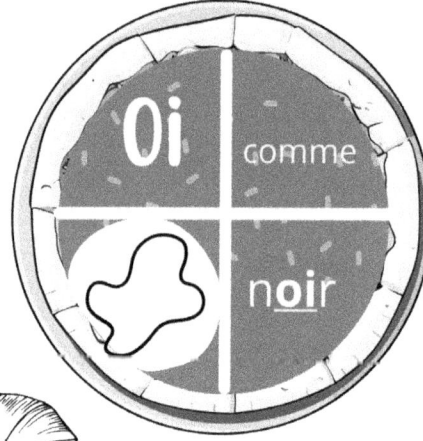 Oi comme n**oi**r

 Ei comme b**ei**ge

 iN comme c**in**q

 ET comme viol**et**

 EU comme bl**eu**

 iEN comme ch**ien**

JEU 0-6

LA ROUE DE L'ÉLISION

RÈGLES DU JEU

- Tu peux jouer avec 5 camarades.
- Le meneur de jeu distribue 10 cartes à chaque joueur. Les cartes qui restent sont la pioche.
- À tour de rôle, tu fais tourner la roue.
- Tu dois dire le déterminant avec un nom qui convient.
- Si tu réussis, tu poses la carte-nom à côté du déterminant (autour de la roue). Si tu ne réussis pas, tu pioches une carte.
- Le gagnant (ou la gagnante) est celui (ou celle) qui n'a plus de carte-noms.
- À la fin de la partie, choisis un déterminant et lis tous les noms qui lui correspondent !

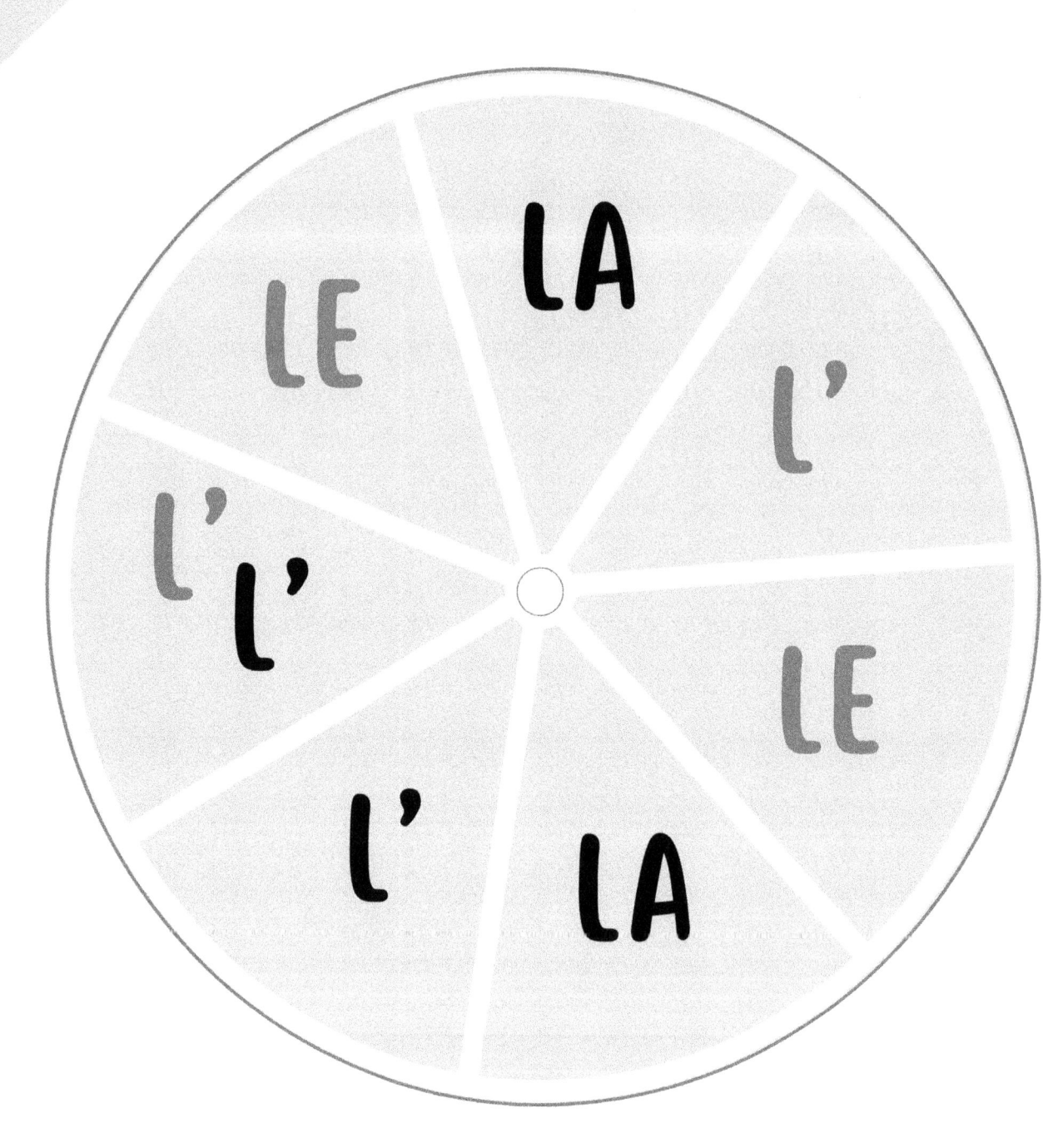

LES CARTES-NOMS

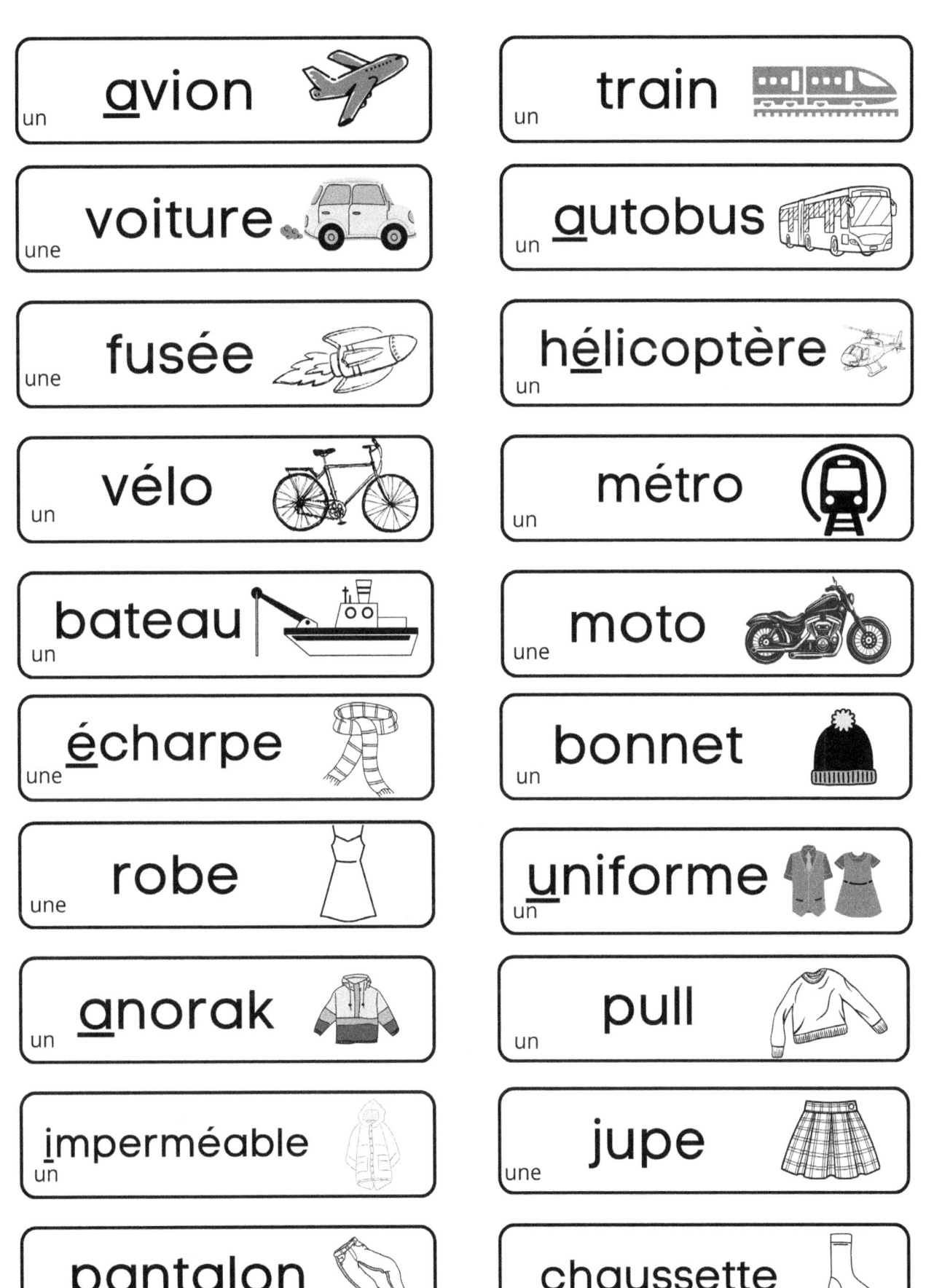

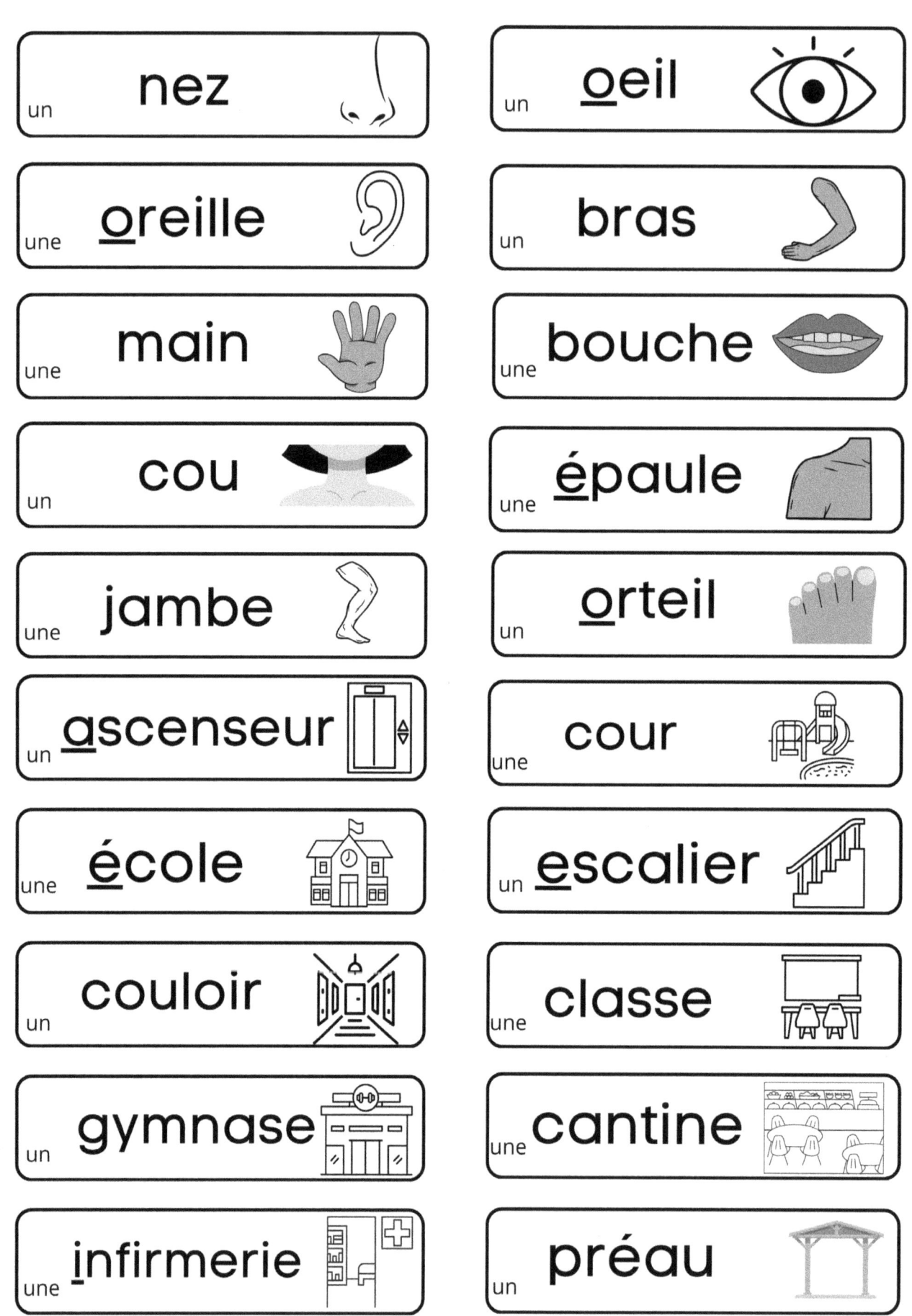

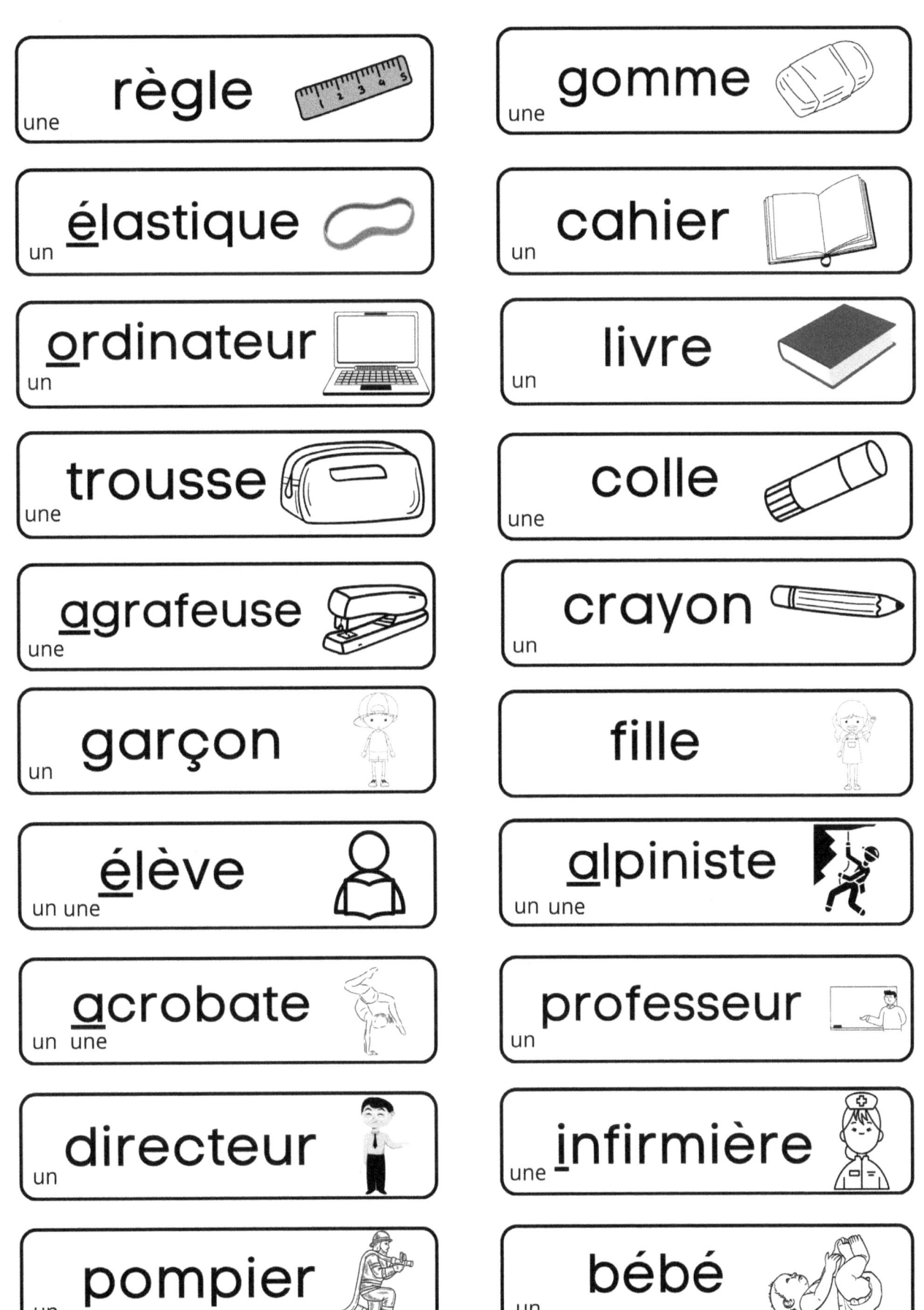

GRAMMAIRE

LES MAJUSCULES

Entraine-toi à écrire les majuscules...

A - .... B - .... C - .... D - ....

E - .... F - .... G - .... H - ....

I - .... J - .... K - .... L - ....

M - .... N - .... O - .... P - ....

Q - .... R - .... S - .... T - ....

U - .... V - .... W - ....

X - .... Y - .... Z - ....

JEU G-1

DÉFI MINUTÉ

- Voici 5 suites de mots qui ne sont pas des phrases.
- Observe les illustrations.
- Remets les mots dans l'ordre pour faire des phrases.

- Écris tes phrases. N'oublie pas d'écrire la majuscule et le point en **rouge**.
- Ton professeur chronomètre l'exercice.
- Quand tu as fini, écris le temps que tu as mis.

BON DÉFI !

DÉFI MINUTÉ

JEU G-1 A1

1.
. Le rouge est cahier
_____

rose est . gomme La
_____

Le est crayon . bleu
_____

règle . jaune est La
_____

livre est . Le vert
_____

TON SCORE →

2.
garçon . est petit Le
_____

La grande est . fille
_____

noir Le . est chat
_____

. est chien Le blanc
_____

est La maîtresse . debout
_____

TON SCORE →

3.
Léa pomme . une mange
_____

mange . banane Léo une
_____

une . Papa mange glace
_____

Maman pizza . mange une
_____

pain La mange . maîtresse du
_____

TON SCORE →

4.
soda . Tom du boit
_____

Julie lait du . boit
_____

du . thé boit Papa
_____

tisane boit . Maman une
_____

Le du . boit directeur café
_____

TON SCORE →

31

DÉFI MINUTÉ

1.

vélo Il du fait .
_____

joue . la à Elle poupée
_____

sautent corde à Ils . la
_____

promène chien Il . son
_____

des Elle prépare cookies .
_____

TON SCORE →

2.

est la niche Le chien dans .
_____

poule graines picore les . La
_____

mare nage canard la Le dans .
_____

. blanc orange poisson et est Le
_____

mange koala Le du bambou .
_____

TON SCORE →

3.

rouge blanc champignon Le est et .
_____

. feuilles marron orange rouges sont et Les
_____

recouverte neige de est La . montagne
_____

monsieur raisin grappe une coupe. Le de
.
_____

la L' butine abeille fleur .
_____

TON SCORE →

4.

tennis joue Il au .
_____

piscine dans jouent Ils la .
_____

marque but Il un .
_____

Elle du fait vélo.
_____

ping-pong jouent Ils au .
_____

TON SCORE →

PUZZLE PONCUTATION

JEU G-2 n°1

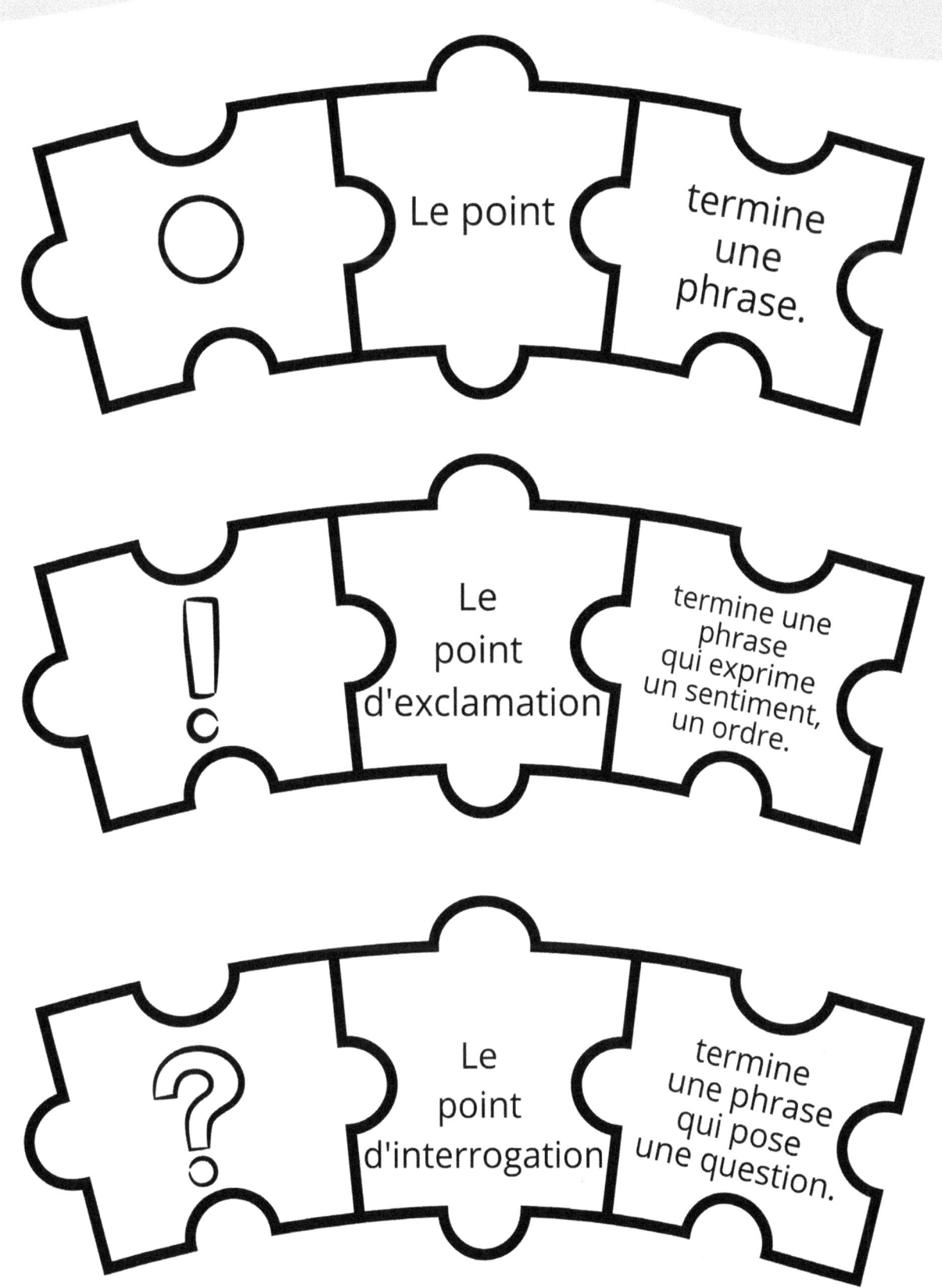

PUZZLE PONCUTATION

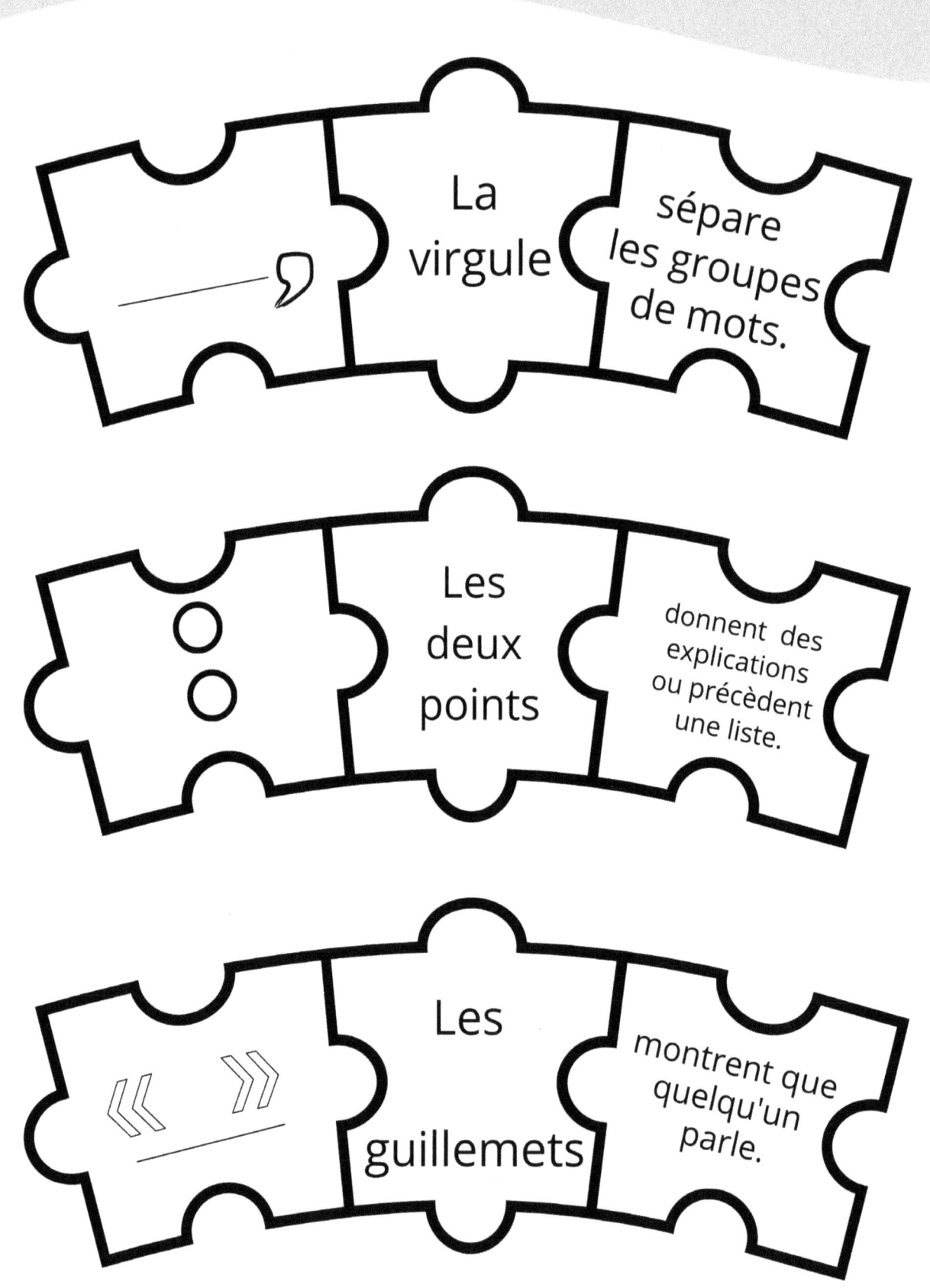

« LE BON POINT »

JEU G-2 n°2

DOMINO DES NÉGATIONS

JEU G-3

- Mélanger les dominos, face cachée au milieu de la table.

- Pour **2** joueurs, chacun prend 7 dominos.
- Pour **3** et **4** joueurs, chacun prend 6 dominos.
- Pour **5** et **6** joueurs, chacun prend 4 dominos.
- Les dominos qui restent constituent la pioche.

- Pour chaque phrase négative, il faut trouver la négation correspondante.
- Si le joueur n'a pas la phrase, il prend un domino de la pioche.

- Il est possible de mettre côte à côte les mêmes négations.

- Le gagnant est celui qui n'a plus de domino.

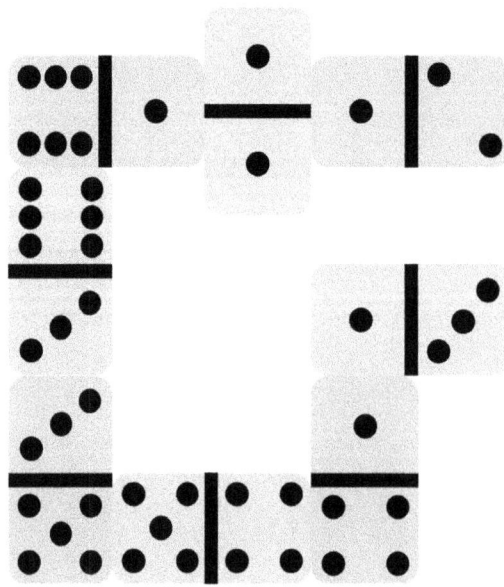

n' ... **jamais**	Les élèves *ne* vont *pas* à la piscine aujourd'hui.

n' ... **pas**	**n'** ... **pas**

n' ... **plus**	Il *ne* boit *jamais* de soda.

n' ... **plus**	Il *n'*a *pas* peur de plonger.

ne ... **jamais**	Nous *n'*avons *plus* de crayons !

ne ... **pas**	Marie *n'*a *rien* bu au petit déjeuner.

Il *n'*aime *pas* manger du poisson.	Ils *ne* mangent *jamais* de viande.

ne ... **pas**	Je *ne* vois *rien* !

ne ... **rien**	Elle *ne* sait *pas* jouer du piano.

ne ... **jamais**	**n'** ... **pas**

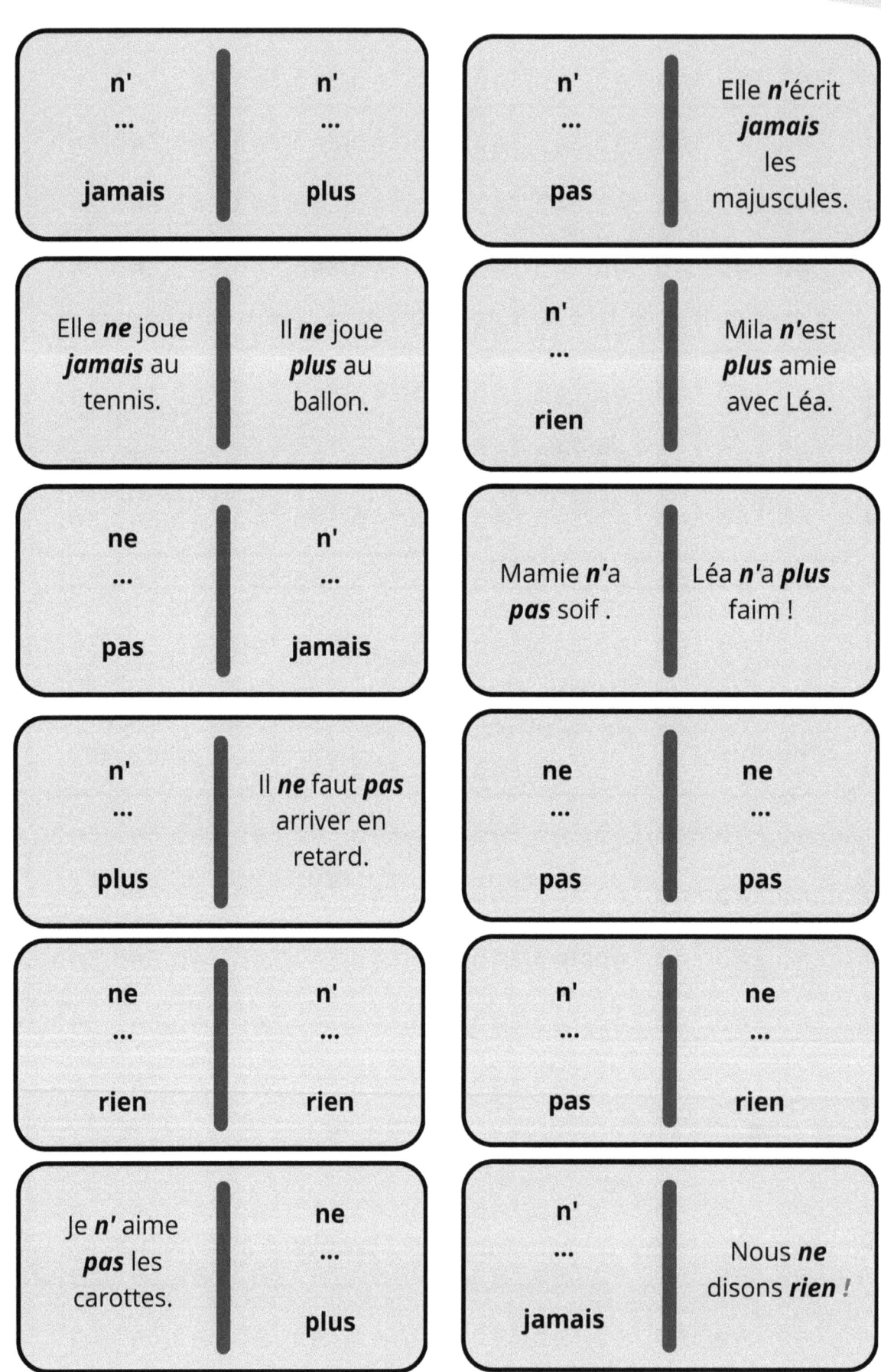

Il *ne* faut *pas* tricher.	Victor *ne* mange *pas* rien à la cantine.
Je *n'* ai *pas* chaud.	Je *n'* ai *pas* faim.
ne ... jamais	n' ... pas
Elle *ne* parle *pas*.	Elle *n'* a *jamais* vu la mer.
ne ... rien	n' ... plus
n' ... pas	Pierre *n'* apprend *jamais* ses leçons.
Il *ne* pleut *plus*.	Il *n'* y a *pas* de soleil aujourd'hui.
Il *n'* écoute *rien* !	Sam *n'* aime *pas* le poisson.
Je *ne* dois *rien* oublier.	Je *ne* bois *jamais* de lait.
Vous *n'* aimez *plus* jouer à la poupée ?	ne ... pas
Il *ne* neige *jamais* par ici.	Il *ne* faut *pas* pousser dans les escaliers.
ne ... pas	ne ... jamais

JEU G-4

2 POUR 1

- Découpe les étiquettes.
- Mélange-les.
- Joue avec un(e) camarade.
- Le (ou la) camarade a les étiquettes-réponses.
- Tu as les étiquettes questions.
- Trouve la paire de questions. Lis-les à voix haute.
- Ton (ou ta) camarade devra trouver la réponse.
- La fois suivante, changez de rôle.
- Pour aller plus loin, tu peux répondre aux questions en parlant de toi.

Tu as quel âge ?	Tu sais nager ?
Comment t'appelles-tu ?	Sais-tu nager ?
Tu habites où ?	Tu viens de quel pays ?
Où habites-tu ?	D'où viens tu ?
Comment tu t'appelles ?	Tu aimes l'école ?
Est-ce que tu as une soeur ?	Que manges-tu pour le goûter ?
Quel âge as-tu ?	Tu manges quoi pour le goûter ?

| Tu aimes le chocolat ? | Tu manges à la cantine ? |
| Est-ce que tu aimes le chocolat ? | Manges-tu à la cantine ? |

Léo

10 ans

À Paris

Oui ! Elle s'appelle Lisa.

Oui ! J'adore !

Non. Je veux apprendre.

Je viens du Maroc.

Oui. J'aime bien.

Le 10 mars.

Non.
Je mange à la maison.

JEU G-4 — BATAILLE SINGULIER - PLURIEL

Joue à 2 ou à plusieurs !

DÉROULEMENT

- Découper les cartes-images.
- Distribuer les cartes une à une aux joueurs, face cachée.
- Les joueurs les empilent face cachée.
- Chaque joueur, à tour de rôle, prend la première carte du tas et la pose sur la table, en lisant le mot et en précisant « singulier » ou « pluriel ».
- Le joueur qui a placé une carte « pluriel » gagne toutes les cartes.
- S'il y a 2 ou plusieurs cartes identiques il y a « bataille ». Recouvrir les cartes avec une autre carte face cachée. Puis placer une autre carte par-dessus, face visible. Celui qui a une carte « pluriel » gagne toutes les cartes.
- Recopier la série de mots dans le tableau de la page exercice G5.

À LA FIN DE LA PARTIE...

À la fin de la partie, chaque joueur utilise ses cartes pour :

- dire chaque nom avec le déterminant qui convient.
- copier les noms sur la page exercice.
- écrire le nom-pluriel correspondant à chaque mot singulier.
- écrire le nom-singulier correspondant à chaque mot pluriel.

table  singulier pluriel	chaises  singulier pluriel	stylos  singulier pluriel
bureau  singulier pluriel	crayon  singulier pluriel	règles  singulier pluriel
tapis  singulier pluriel	gomme  singulier pluriel	ardoise  singulier pluriel
feutres  singulier pluriel	trousse  singulier pluriel	ordinateurs  singulier pluriel

robe  singulier / pluriel	**jupes**  singulier / pluriel	**chaussure**  singulier / pluriel
chaussettes  singulier / pluriel	**pantalons**  singulier / pluriel	**blousons**  singulier / pluriel
chapeaux  singulier / pluriel	**manteau**  singulier / pluriel	**bonnet**  singulier / pluriel
gants  singulier / pluriel	**chemise**  singulier / pluriel	**baskets**  singulier / pluriel

chats  singulier pluriel	chien  singulier pluriel	perruche  singulier pluriel
ours  singulier pluriel	lapin  singulier pluriel	hamsters  singulier pluriel
crocodile 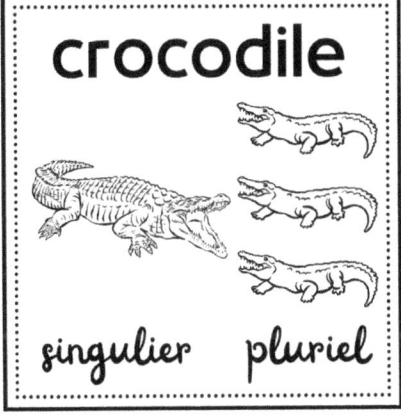 singulier pluriel	éléphants  singulier pluriel	girafe  singulier pluriel
lions  singulier pluriel	poissons  singulier pluriel	tigre  singulier pluriel

pommes	citrons	cerise
	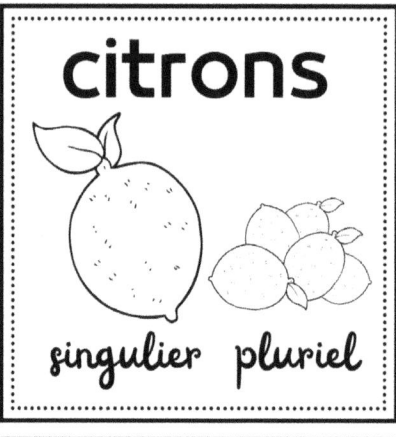	
singulier pluriel	singulier pluriel	singulier pluriel
melons	poire	kiwi

singulier pluriel	singulier pluriel	singulier pluriel
courgettes	carotte	radis
		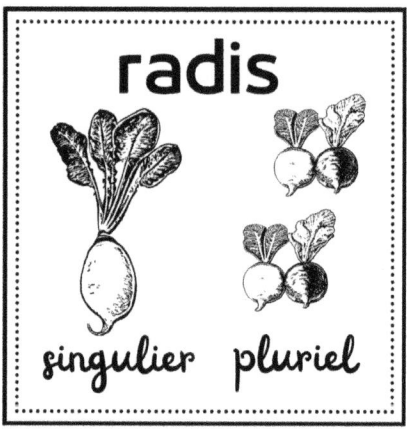
singulier pluriel	singulier pluriel	singulier pluriel
salade	tomates	poireaux

singulier pluriel	singulier pluriel	singulier pluriel

vélos  singulier pluriel	bateaux  singulier pluriel	trains  singulier pluriel
moto  singulier pluriel	avion  singulier pluriel	bus  singulier pluriel

un	un	un	un
une	une	une	une
des	des	des	des

JEU G-6 n°1

MEMORY DES ARTICLES

- Découpe les cartes.
- Mélange-les et place-les sur une table, retournées.
- Tu dois retrouver les paires et lire correctement les articles.
- Retourne 2 cartes et lis. Si les 2 cartes sont les mêmes, tu les prends.
- Pour les plus grands, il faut préciser « masculin » ou « féminin » et « singulier » ou « pluriel » pour gagner les 2 cartes.
- Le jeu s'arrête quand toutes les paires ont été trouvées. Le gagnant est celui qui a le plus de cartes.

LE	LA	LES
UN	UNE	DES
LE	LA	LES
UN	UNE	DES

LA CHASSE AU TRÉSOR

JEU G-6 n°2

Cherche tout autour de toi des noms (sur les affichages, dans un dictionnaire, dans des magazines, des catalogues...) et écris-les dans le bon coffre. Illustre chaque mot trouvé.

L'ARBRE

JEU G-7 — A1

- Découper les cartes plastifiées.
- Le jeu se joue à 2 joueurs.
- Distribuer les cartes aux joueurs, sauf une, qui est placée sur la table.
- Placer les cartes face cachée, empilées sur la table.
- La partie peut commencer !
- Retourner la première carte.
- Il faut alors trouver le même article défini contracté.
- Attention, cela peut être À + LE et AU, mais aussi l'article défini dans une phrase.
- Si le joueur a trouvé la paire, il pose sa carte sur la carte du centre de la table.
- Le gagnant (ou la gagnante) est celui (ou celle) qui n'a plus de cartes : il (ou elle) place le feuillage de l'arbre.

Elle va à la piscine.

C'est la fin des vacances.

Je vais à la bibliothèque.

Il va au marché.

Elle joue du piano.

Le parking de l'hôtel.

Un gâteau aux noisettes.

La pâtée des chats.

Il mange à la cantine.

Nous allons à l'école.

Une tarte aux fraises.

Je joue du violon.

Les sacs des enfants.

Une tarte aux pommes.

Une glace à la vanille.

Il va à l'hôpital.

Elle vient de l'aéroport.

Ils arrivent de l'hôpital.

Elles vont à l'université.

Il va au bureau.

On revient du cinéma.

Vous allez à la pharmacie ?

Une crème au chocolat.

Ils dorment à l'hôtel.

Elle rêve de l'Angleterre.
Il vient des Philippines.
Il mange à la cafétéria.
Elles vont au théâtre.

Il part au stade.
Elle parle aux mamans.
Ils jouent au parc.
Il parle aux élèves.

Un pain aux graines.
Une tarte à la rhubarbe.
Les crayons des élèves.
Le jouet de l'enfant.

Ils vont à l'aéroport.
Une tarte aux abricots.
Le bureau du directeur.
Il va à la pharmacie.

Les couleurs des crayons.
Le cartable du garçon.
Il va au supermarché.
L'entrée du parc.

Il va au musée.
Elle joue au tennis.
Les billes des élèves.
La porte du bureau.

JEU DES 8 FAMILLES : MASCULIN / FÉMININ

A1

Un joueur au hasard bat les cartes.

Il distribue 6 cartes à chaque joueur.

Le reste des cartes sera la pioche.

Le premier joueur à sa gauche commence la partie.

Il demande à n'importe quel joueur une carte en disant :
- « Dans la famille -masculin- je demande… un insecte » ou
- « Dans la famille -féminin- je demande… un fruit » (etc.)

S'il obtient la carte demandée, il peut rejouer. Sinon, il prend une carte de la pioche. Le joueur qui a une famille complète la pose sur la table. S'il n'a plus de carte, il en prend une de la pioche.

Le gagnant est celui qui a réussi à poser le plus de familles devant lui.

MÉMO DES FAMILLES

MÉTIERS
INSECTES
LÉGUMES
FRUITS

MÉTIERS	MÉTIERS	MÉTIERS	MÉTIERS
 la professeure	 la policière	 l'infirmière	 la pâtissière
MÉTIERS	MÉTIERS	INSECTES	INSECTES
 la boulangère	 la fermière	 la guêpe	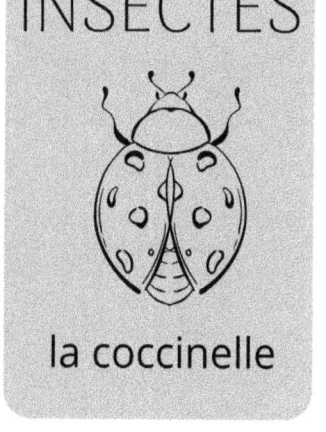 la coccinelle
INSECTES	INSECTES	INSECTES	INSECTES
 l'abeille	 la fourmi	 la sauterelle	 la libellule

LÉGUMES	LÉGUMES	LÉGUMES	LÉGUMES
			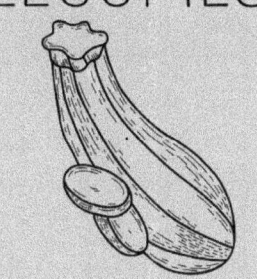
la citrouille	la betterave	la tomate	la courgette

LÉGUMES	LÉGUMES	FRUITS	FRUITS

la salade	la carotte	la banane	l'orange

FRUITS	FRUITS	FRUITS	FRUITS

la poire	la fraise	la figue	la framboise

FRUITS	FRUITS	FRUITS	FRUITS

le kiwi	le melon	l'ananas	le litchi

FRUITS	FRUITS	LÉGUMES	LÉGUMES
		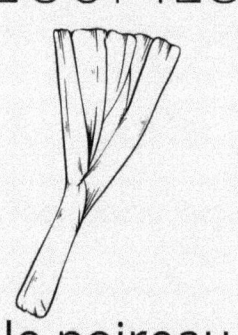	
le pamplemousse	l'abricot	le poireau	l'artichaut

LÉGUMES	LÉGUMES	LÉGUMES	LÉGUMES
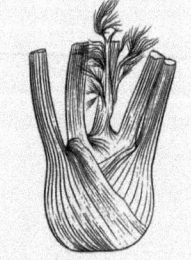	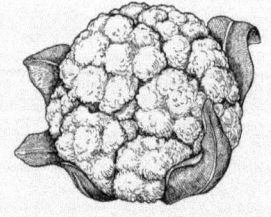		
le fenouil	le chou-fleur	le concombre	le chou

INSECTES	INSECTES	INSECTES	INSECTES
			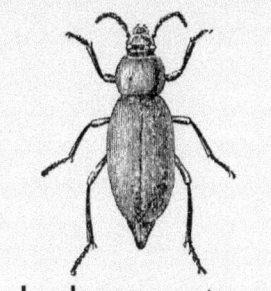
le moustique	le papillon	le scarabée	le hanneton

INSECTES	INSECTES	MÉTIERS	MÉTIERS
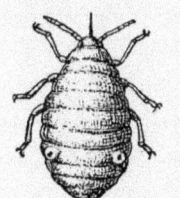			
le puceron	le bourdon	le fermier	le boulanger

MÉTIERS	MÉTIERS	MÉTIERS	MÉTIERS

le pâtissier	l'infirmier	le professeur	le policier

JEU DE MÉMORY TRIPLE : MASCULIN / FÉMININ

JEU G-8
A2

- Découpe les cartes plastifiées.
- Mélange-les et place-les sur une table, retournées.
- Tu dois retrouver 3 cartes : le nom masculin, le nom féminin et l'image correspondante.
- Tu vas apprendre 3 règles :

    1. Au féminin, on rajoute un « e » ;
    2. Au féminin, on double la consonne finale et on rajoute un « e » ;
    3. Le nom masculin et le nom féminin sont différents.

- Tu peux recopier les paires ainsi obtenues sur ton ardoise.

JE RAJOUTE UN E AU FÉMININ

un américain	une américaine	🇺🇸
un marocain	une marocaine	
un français	une française	
un japonais	une japonaise	
un chinois	une chinoise	

JE DOUBLE LA CONSONNE FINALE ET JE RAJOUTE UN E AU FÉMININ

un musicien	une musicie*nne*	
un comédien	une comédie*nne*	
un champion	une champio*nne*	
un pharmacien	une pharmacie*nne*	
un maître	une maître*sse*	

LE NOM MASCULIN ET LE NOM FÉMININ SONT DIFFÉRENTS

un frère	une soeur 
un héros	une héroïne 
un roi	une reine 
un dieu	une déesse 
un père	une mère 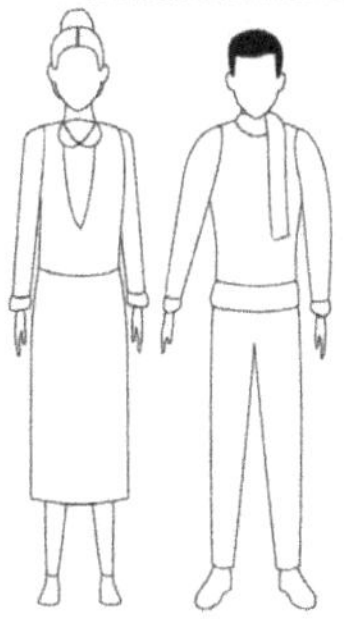

C'EST À MOI !

JEU G-9

- Fais tourner la flèche et nomme chaque nom avec le déterminant possessif qui convient.
- Fais une phrase :
- « C'est **mon** ... » / « C'est **ma** ... » / « Ce sont **mes** ...»
- À chaque expression nommée correctement, barre au feutre effaçable l'image correspondante.

Imprime et plastifie !
Tu as besoin d'une attache parisienne !

C'EST À TOI !

- Fais tourner la flèche et nomme chaque nom avec le déterminant possessif qui convient.
- Fais une phrase :
- « C'est **ton** ... » / « C'est **ta** ... » / « Ce sont **tes** ...»
- À chaque expression nommée correctement, barre au feutre effaçable l'image correspondante.

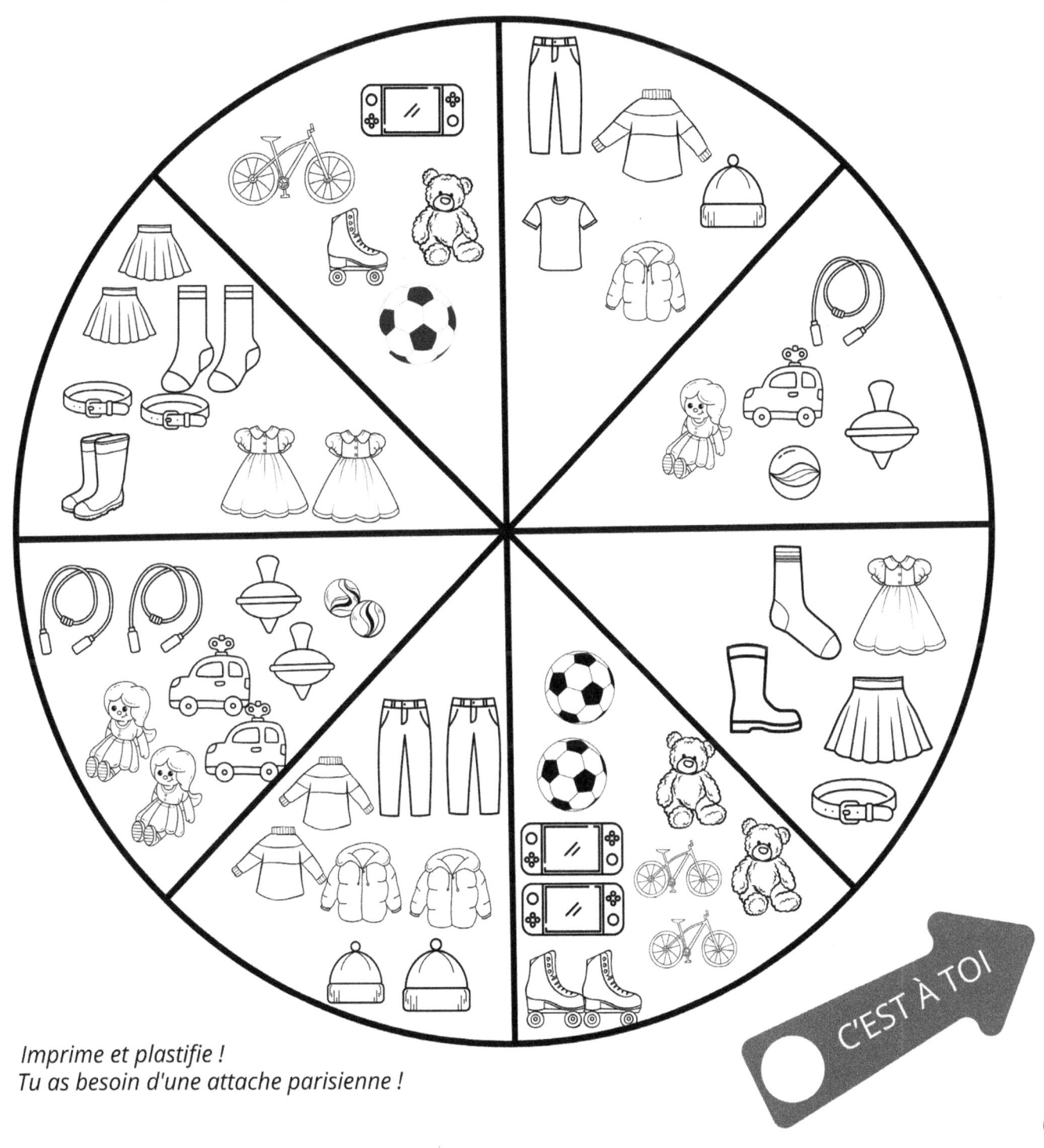

Imprime et plastifie !
Tu as besoin d'une attache parisienne !

C'EST À ELLE / C'EST À LUI !

JEU G-11

- Fais tourner la flèche et nomme chaque nom avec le déterminant possessif qui convient.
- Fais une phrase :
- « C'est **son** ... » / « C'est **sa** ... » / « Ce sont **ses** ...»
- À chaque expression nommée correctement, barre au feutre effaçable l'image correspondante.

Imprime et plastifie !
Tu as besoin d'une attache parisienne !

C'EST À NOUS !

JEU G-12

- Fais tourner la flèche et nomme chaque nom avec le déterminant possessif qui convient.
- Fais une phrase :
- « C'est **notre** ... » / « Ce sont **nos** ...»
- À chaque expression nommée correctement, barre au feutre effaçable l'image correspondante.

Imprime et plastifie !
Tu as besoin d'une attache parisienne !

C'EST À VOUS !

JEU G-13

- Fais tourner la flèche et nomme chaque nom avec le déterminant possessif qui convient.
- Fais une phrase :
- « C'est **votre** ... » / « Ce sont **vos** ...»
- À chaque expression nommée correctement, barre au feutre effaçable l'image correspondante.

Imprime et plastifie !
Tu as besoin d'une attache parisienne !

À EUX ! C'EST À ELLES !

JEU G-14

- Fais tourner la flèche et nomme chaque nom avec le déterminant possessif qui convient.
- Fais une phrase :
- « C'est **leur** ... » / « Ce sont **leurs** ...»
- À chaque expression nommée correctement, barre au feutre effaçable l'image correspondante.

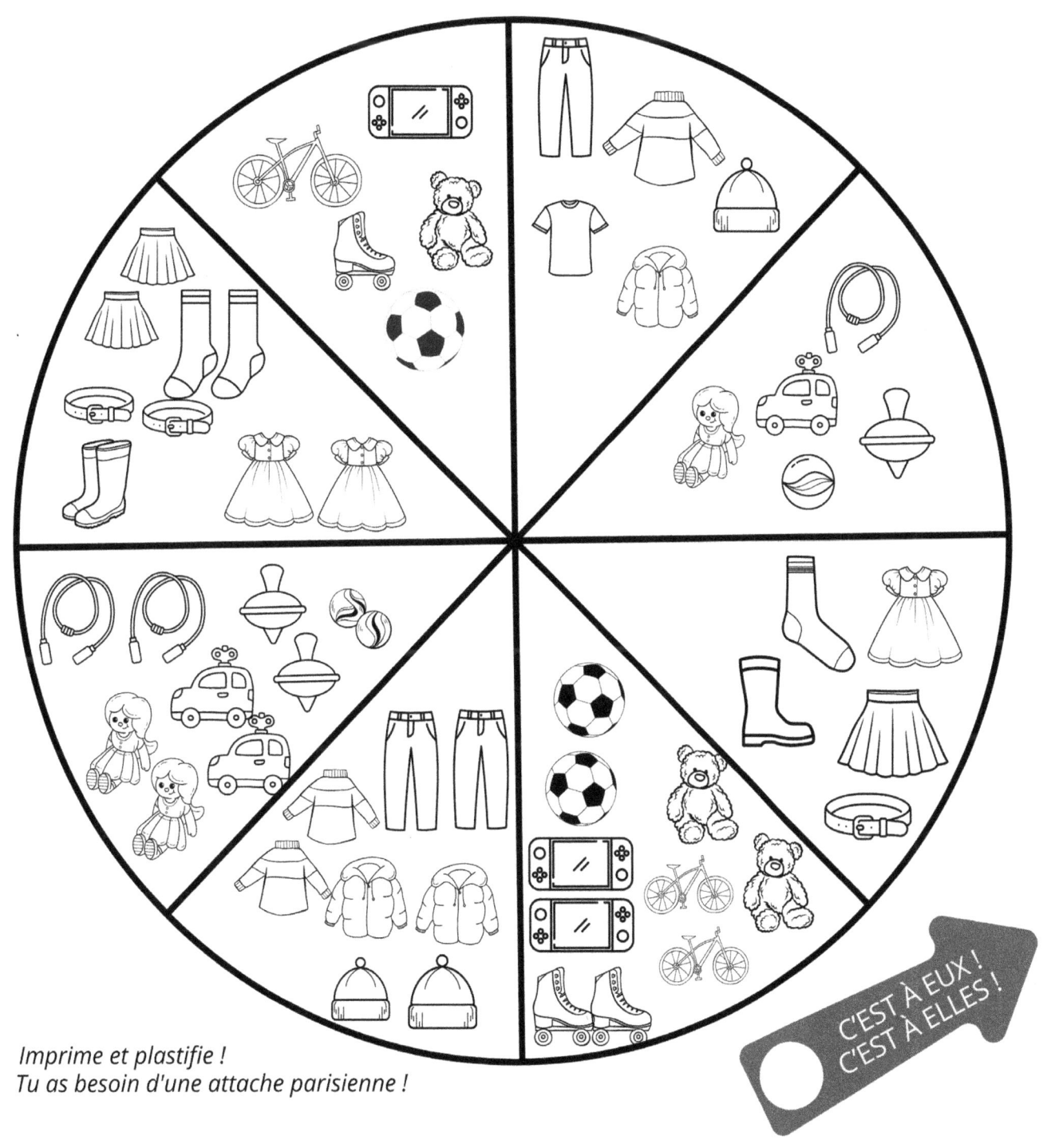

Imprime et plastifie !
Tu as besoin d'une attache parisienne !

À CHACUN SA PLACE !

A2

- Les cartes sont plastifiées et découpées.
- Le jeu se joue à 2.

Trouver pour chaque image le nom correspondant.

- Place les animaux sur les souches d'arbres si tu peux dire le nom de l'animal avec MA/TA ou SA.
- Place les animaux sur les pierres si tu peux dire le nom de l'animal avec MON/TON ou SON.

- Place les fruits ou les légumes dans les corbeilles si tu peux les dire avec MA/TA ou SA.
- Place les fruits ou les légumes dans les cagettes si tu peux les dire avec MON/TON ou SON.

- Place les personnes sur le chemin à côté des buissons si tu peux les dire avec MA/TA ou SA.
- Place les personnes sur le chemin de pierres si tu peux les dire avec MON/TON ou SON.

    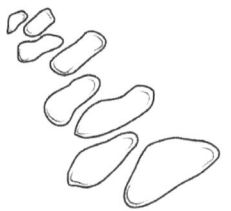

- Demande à ton enseignant(e) de valider tes choix.

Amuse-toi bien !

ANIMAUX

MA TA SA

MON TON SON

FRUITS & LÉGUMES

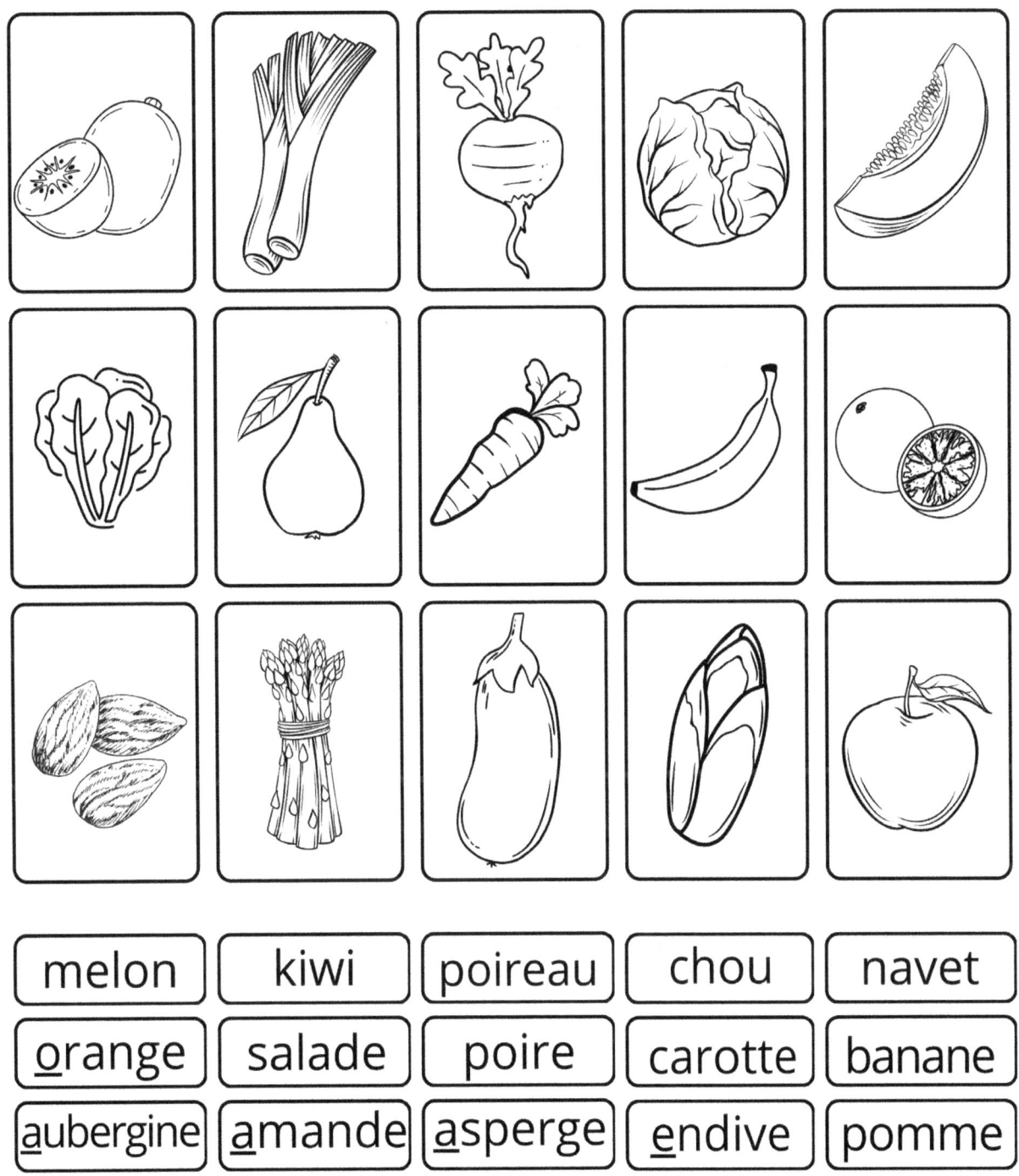

melon	kiwi	poireau	chou	navet
orange	salade	poire	carotte	banane
aubergine	amande	asperge	endive	pomme

PERSONNES

JEU G-15

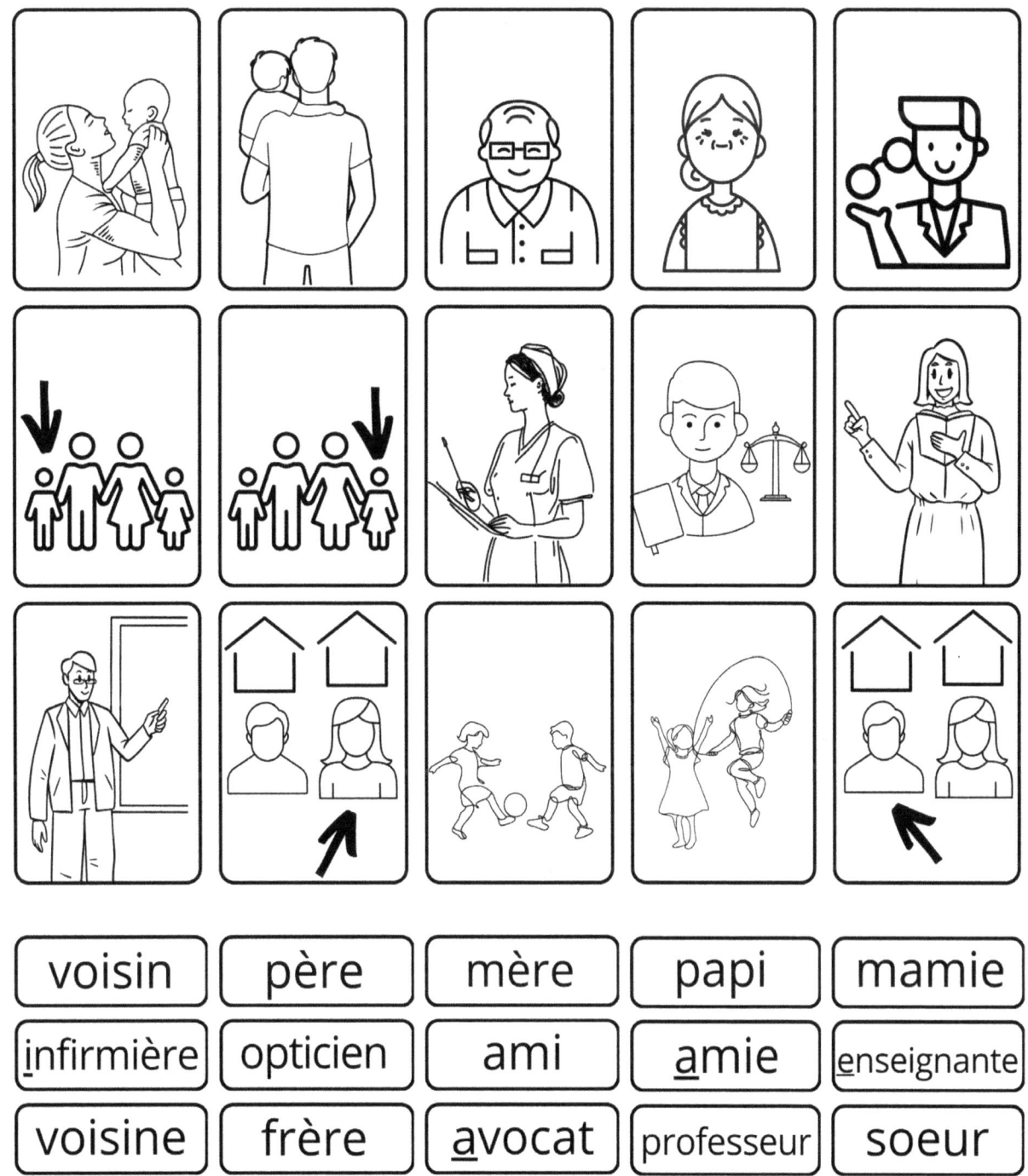

TANGRAMS DES DÉMONSTRATIFS

JEU G-16

- Découpe les tangrams-images.

- Lis attentivement chaque règle de grammaire.

- Pour 4 joueurs, chacun a 1 tangram-mots.

- Pour 2 joueurs, chacun a 2 tangrams-mots.

- Pour 3 joueurs, 2 joueurs ont chacun un tangram-mots et 1 joueur arbitre le jeu (valide les réponses).

- Les cartes tangrams-images sont mélangées et empilées face cachée au centre de la table.

- La partie commence !

- À tour de rôle, chaque joueur retourne une carte et dit le mot.

- Si tu peux associer la carte-image à un mot de ton tangram, tu prends la carte et tu la places sur ton tangram.

- Si tu ne peux pas associer le nom, alors tu retournes la carte pour constituer une autre pioche à côté de la première pioche.

- La partie continue ainsi jusqu'à ce que tous les tangrams soient complets.

- Le gagnant est celui qui a complété son tangram le premier.

- Amuse-toi à redire tous les mots que tu as trouvés avec le déterminant démonstratif qui convient.

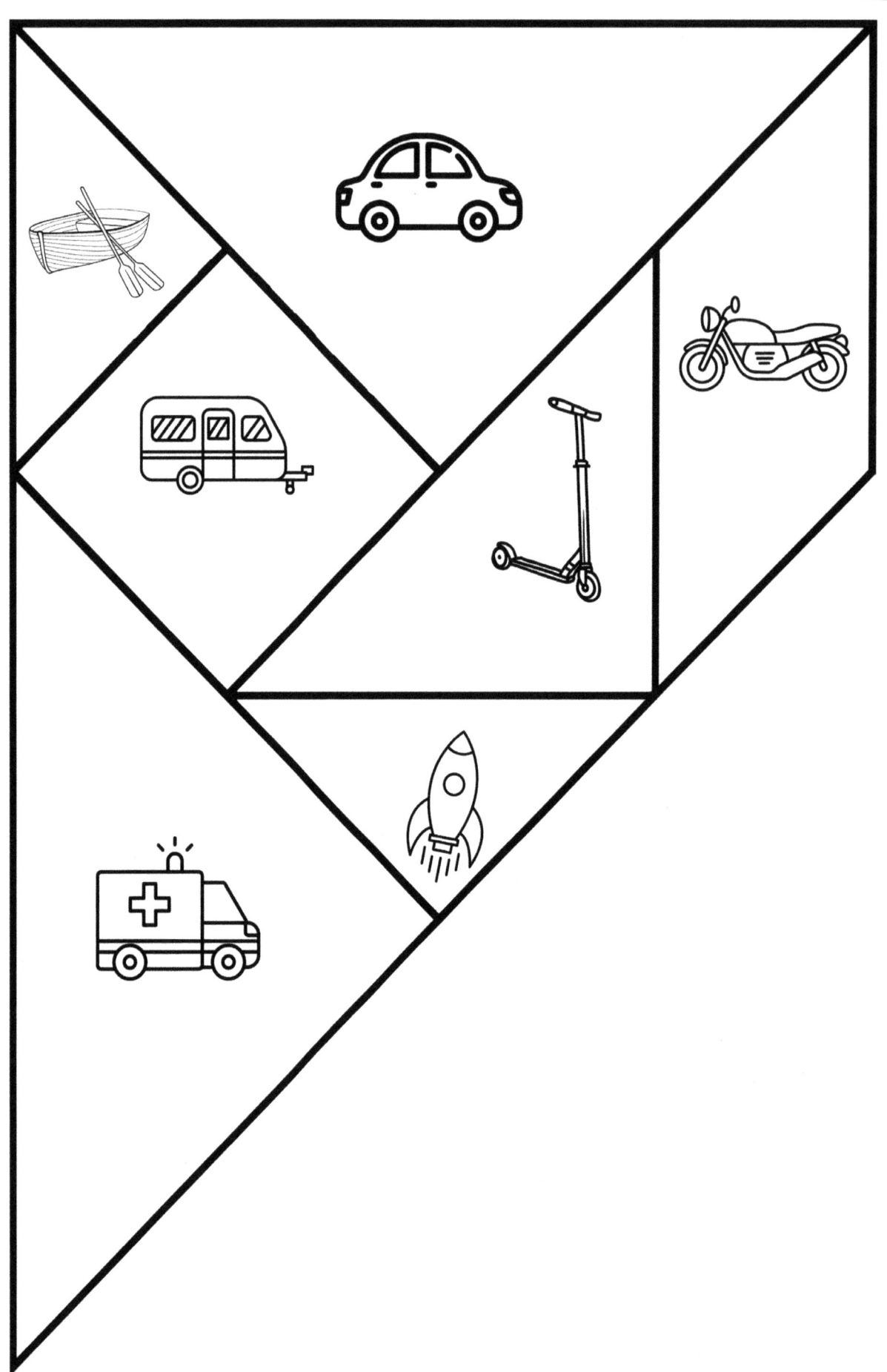

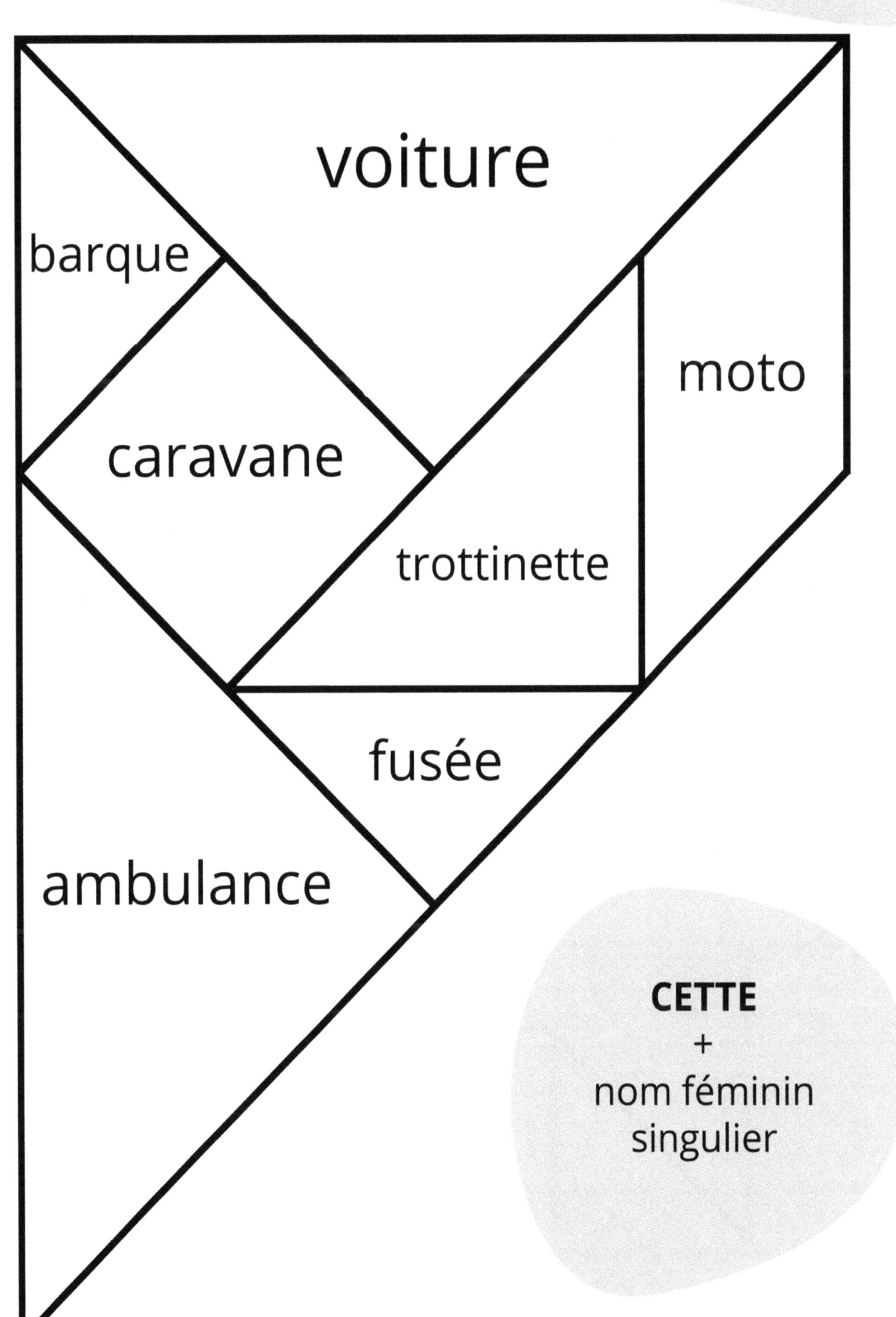

CETTE
+
nom féminin singulier

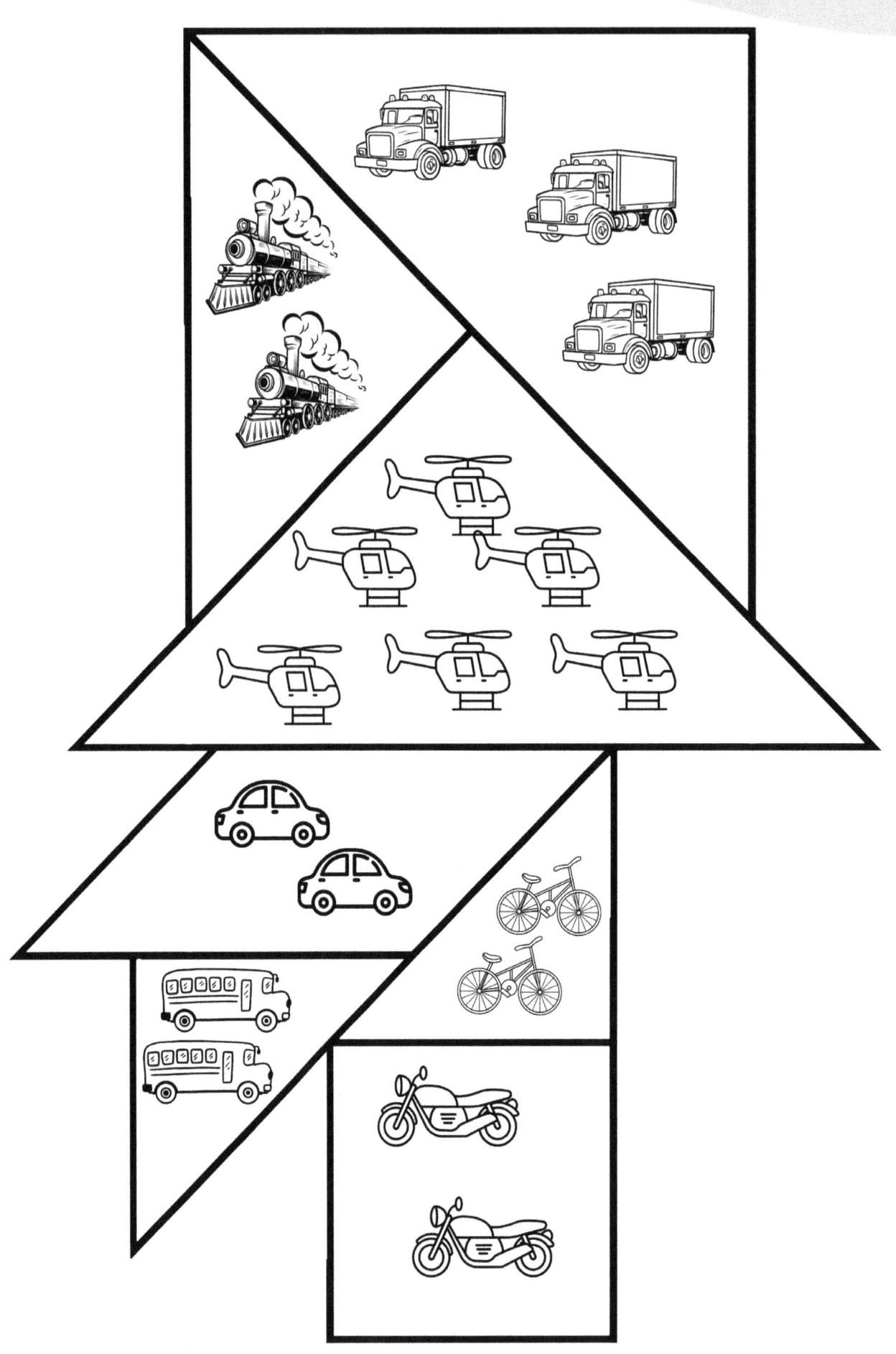

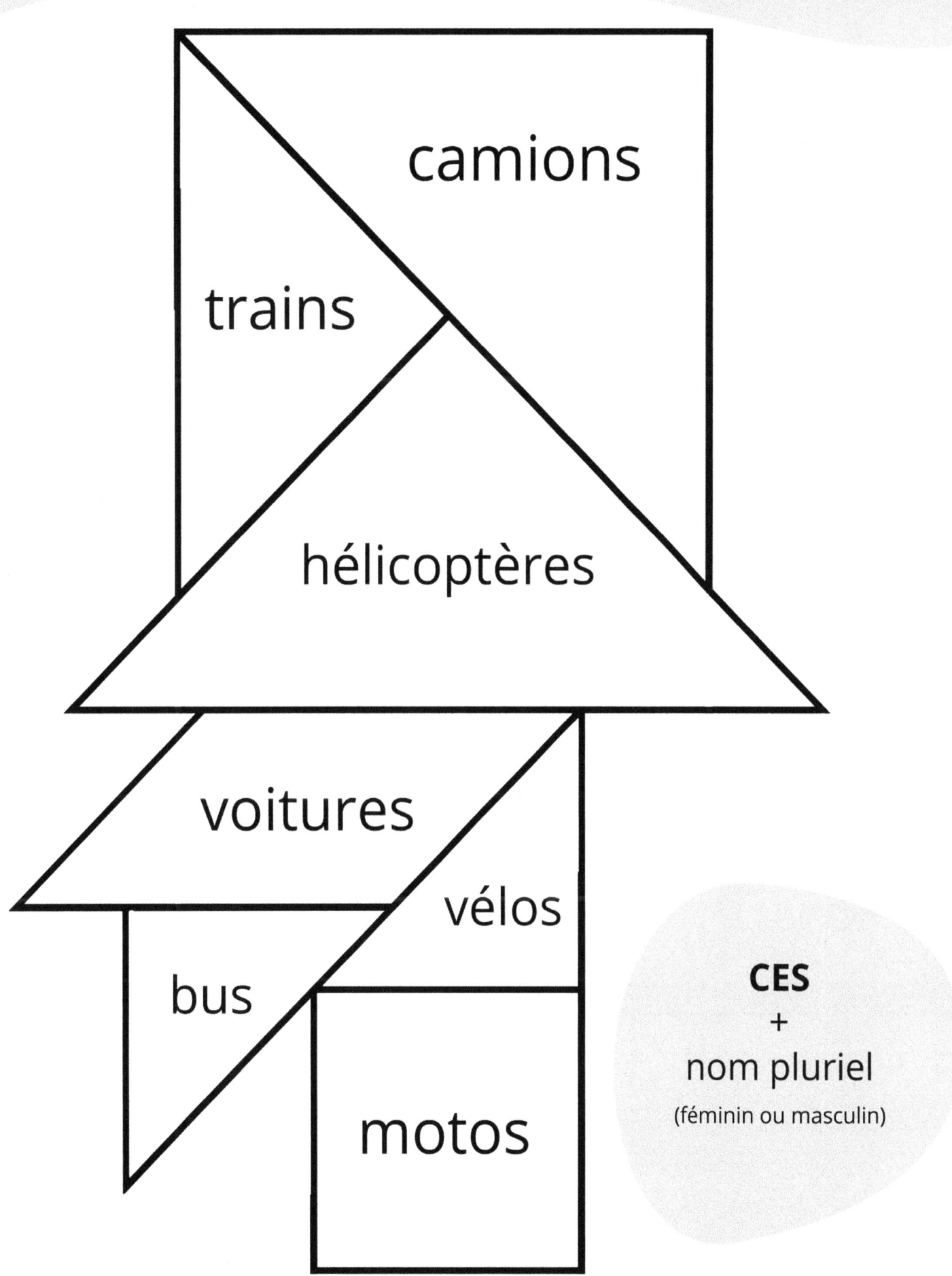

Colorie les images de la bonne couleur !

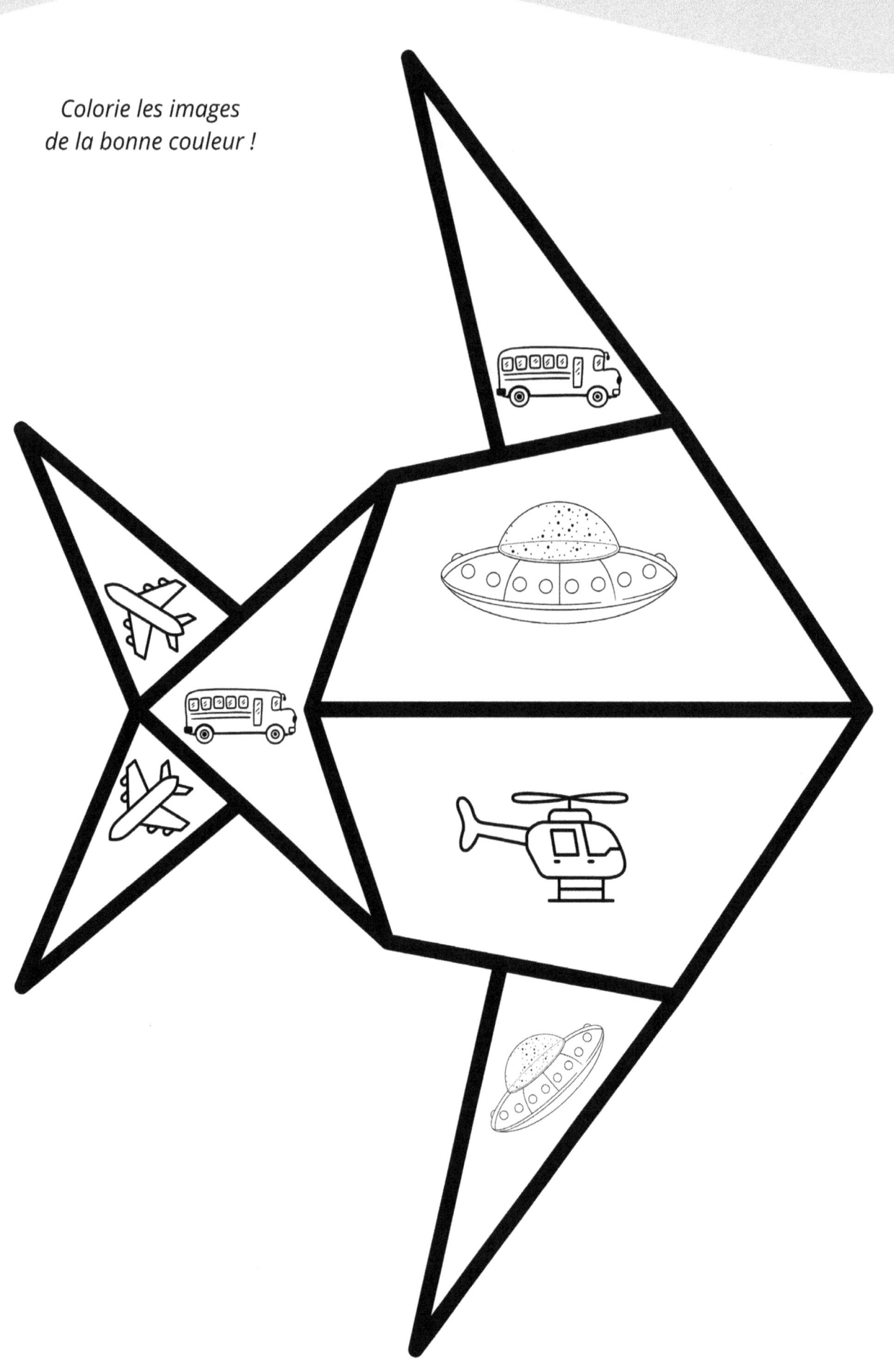

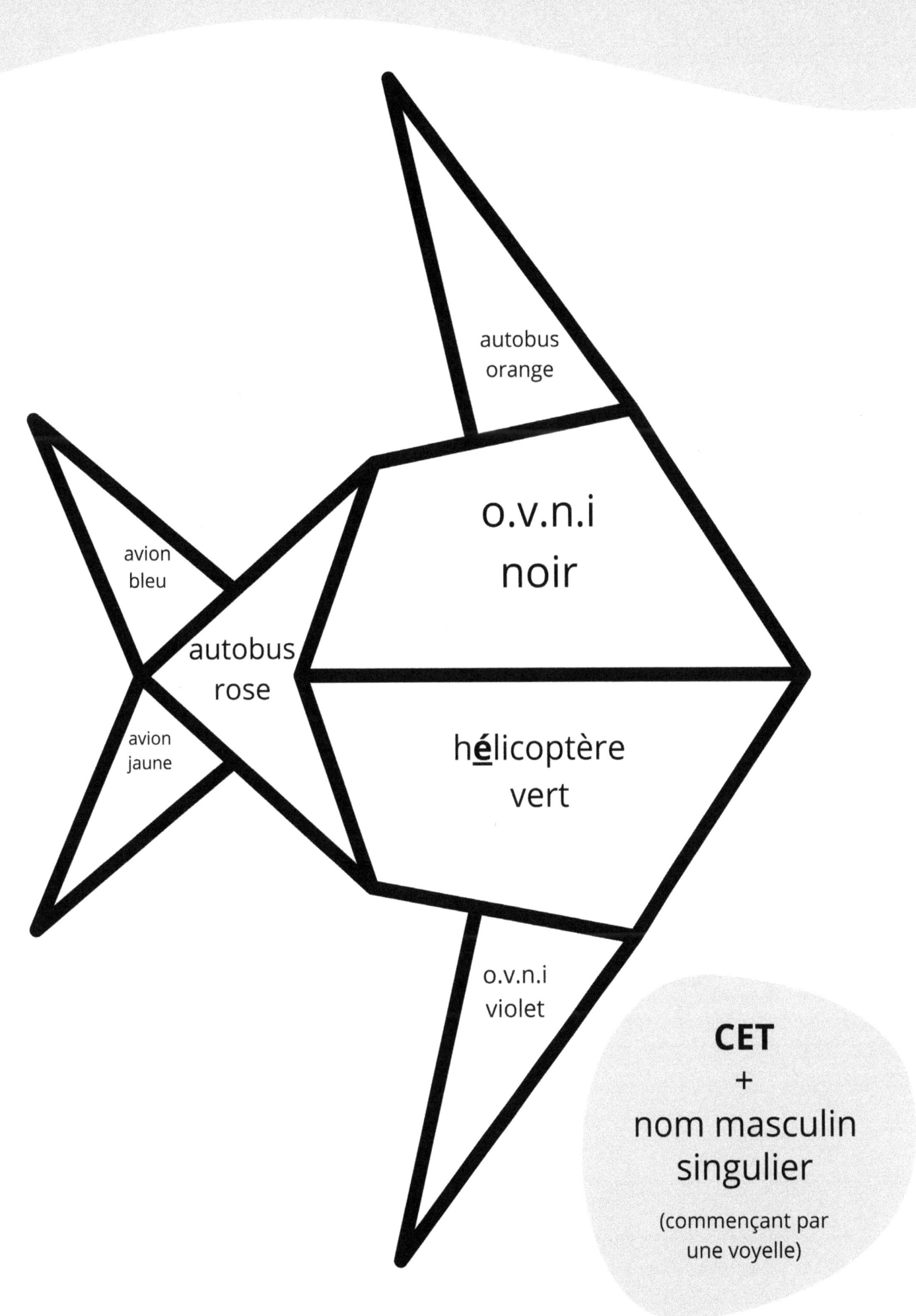

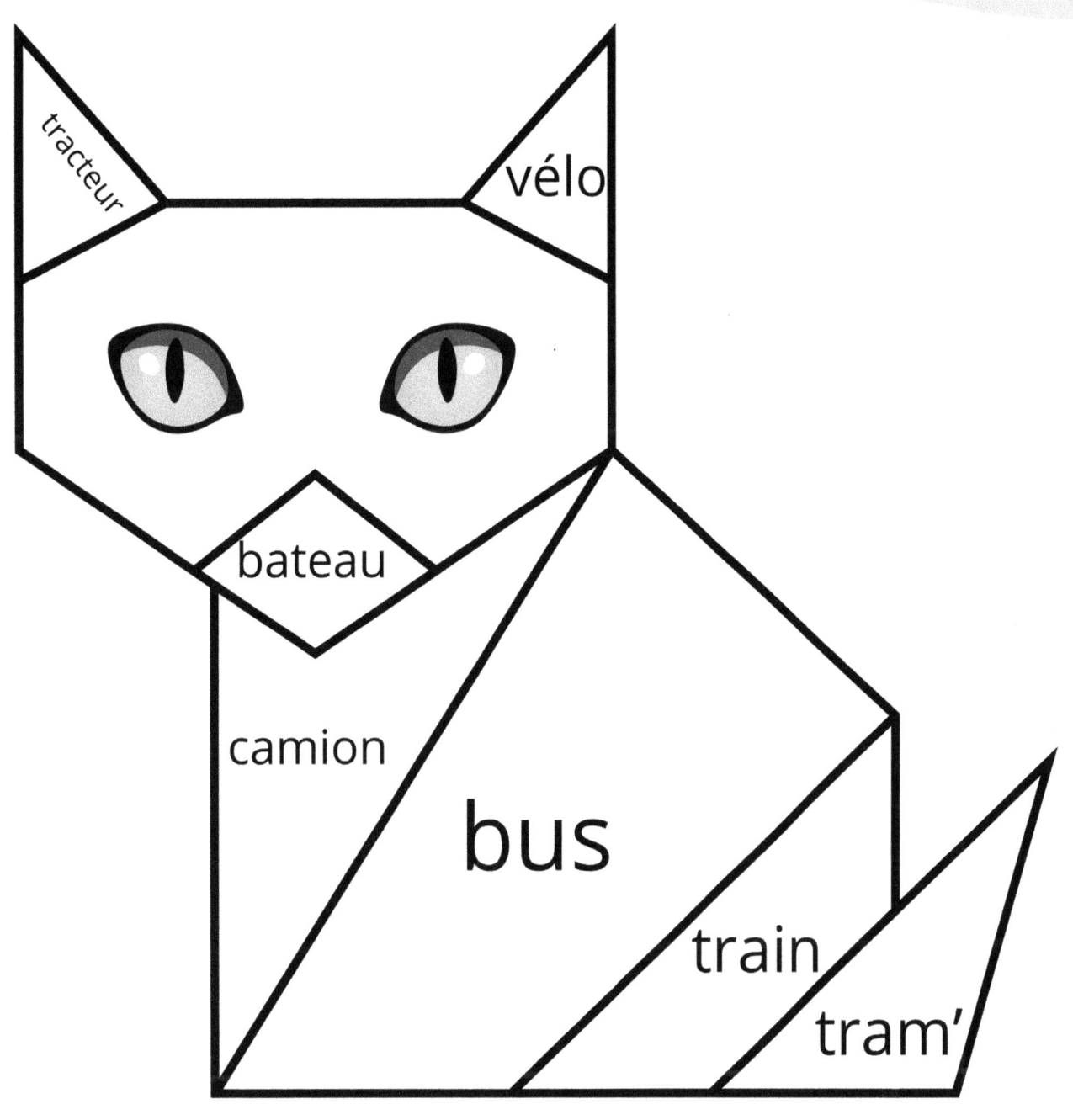

CE
+
nom masculin singulier

JEU G-18

ATELIER AUTONOME : LES COULEURS

- Les cartes sont plastifiées et rangées par thème dans une boîte.
- Choisir un thème :
    - vêtements
    - fournitures scolaires
    - transports
    - fruits/légumes

- Associer :
    - déterminants
    - noms
    - adjectifs de couleur

- Écrire la liste de groupes nominaux.

LES COULEURS EN FRANÇAIS

Les adjectifs de couleur s'accordent en genre et en nombre avec le nom.

Sauf « **orange** » et « **marron** » !

MS : masculin - singulier
MP : masculin pluriel
FS : féminin - singulier
FP : féminin- pluriel

---

m/s : jaune
m/p : jaunes

f/s : jaune
f/p : jaunes

---

m/s : bleu
m/p : bleus

f/s : bleue
f/p : bleues

---

m/s : vert
m/p : verts

f/s : verte
f/p : vertes

---

m/s : violet
m/p : violets

f/s : violette
f/p : violettes

---

m/s : blanc
m/p : blancs

f/s : blanche
f/p : blanches

---

m/s : rose
m/p : roses

f/s : rose
f/p : roses

---

m/s : noir
m/p : noirs

f/s : noire
f/p : noires

---

m/s : gris
m/p : gris

f/s : grise
f/p : grises

---

orange

marron

---

m/s : rouge
m/p : rouges

f/s : rouge
f/p : rouges

---

m/s

un

---

f/s

une

---

m/p

des

f/p

Colorie les cercles de la bonne couleur !

VÊTEMENTS

 robe

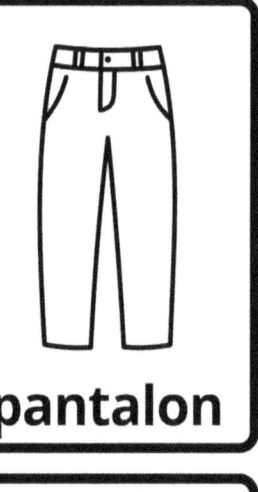 pantalon

 pull

 veste

 bonnet

 écharpe

 chapeau

 jupe

 tee-shirt

 manteau

 ceinture

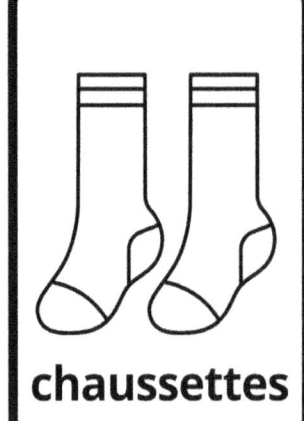 chaussettes

 chaussures

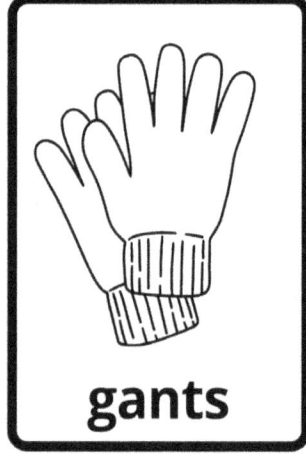 gants

 robes

MATÉRIEL SCOLAIRE

	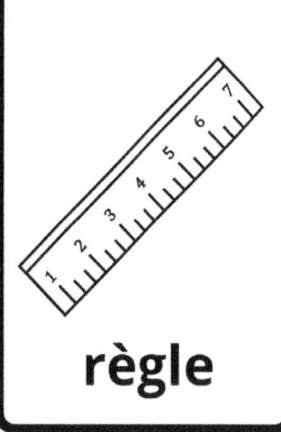	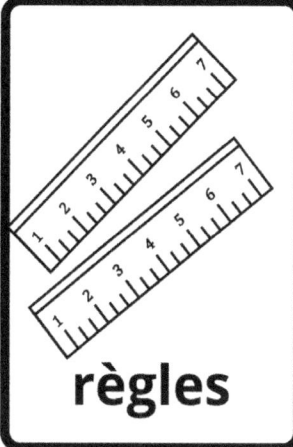
crayon	**règle**	**règles**

cahier	**livres**	**stylo**	**ciseaux**

	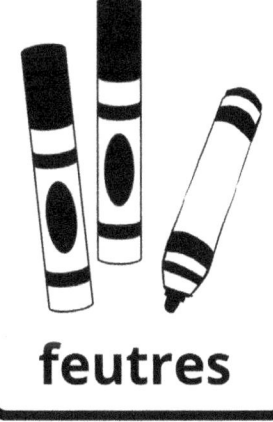		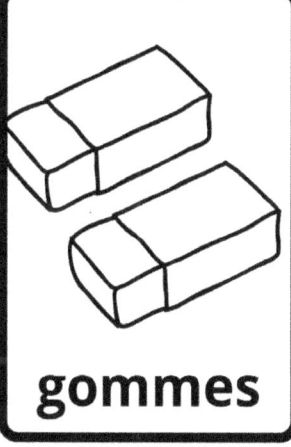
trousse	**feutres**	**livre**	**gommes**

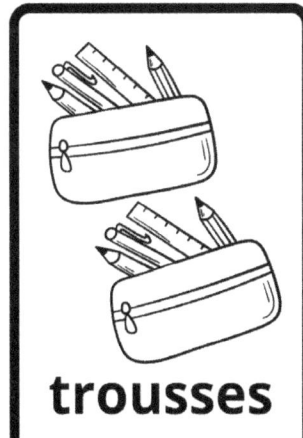			
trousses	**ordinateurs**	**colles**	**crayons**

FRUITS & LÉGUMES

 pomme

 myrtilles

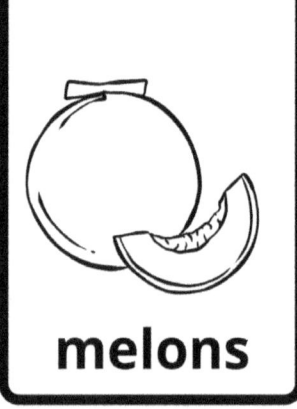 melons

 mandarines

 bananes

 fraise

 raisins

 pommes de terre

 radis

  radis

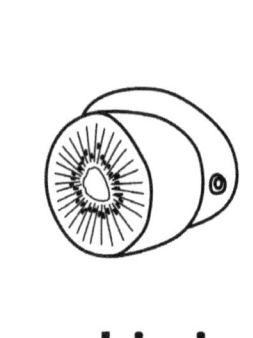 kiwi

 cerises

 citrons

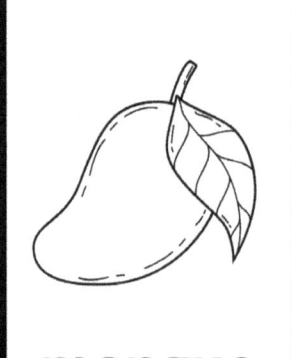 mangue

 aubergine

TRANSPORTS

 trottinette

 vélo

 avion

 tram

 fusées

 avions

 montgolfière

 moto

 voitures

 bus

 motos

 train

 bateaux

 voiture

 montgolfières

CONJUGAISON

JEU DE DÉ DES PRONOMS PERSONNELS

JEU C-1

- Fabrique tes étiquettes.
- Place les étiquettes des pronoms personnels sur la table verticalement.
- Place les numéros à côté.
- Chaque joueur lance le dé à tour de rôle.

    1 : Tu lis l'étiquette « je » ou « nous » recto/verso.
    2 : Tu lis l'étiquette « tu » ou « vous » recto/verso.
    3 : Tu lis l'étiquette « il/elles » ou « ils/elles » recto/verso.
    Singulier : tu lis une étiquette singulier recto/verso
    Pluriel : tu lis une étiquette pluriel recto/verso
    Pronoms personnels : tu lis (ou récites) tous les pronoms personnels

- À chaque fois que la lecture est terminée, tu retournes le numéro.
- L'élève qui, le premier, a retourné tous ses chiffres a gagné !

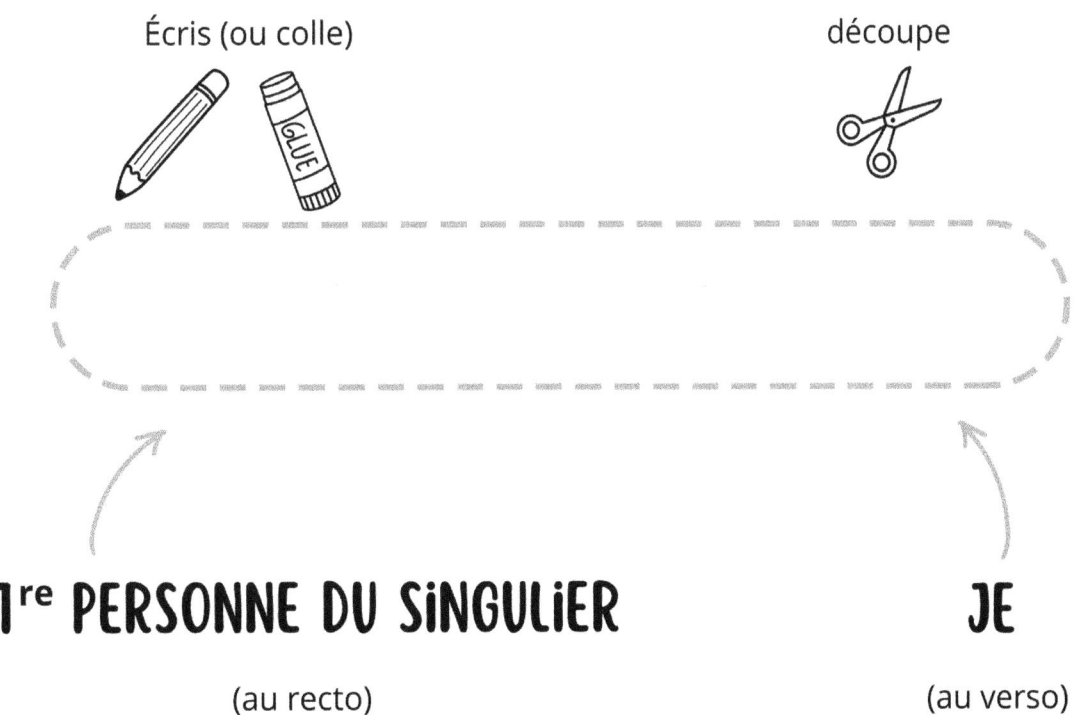

1ʳᵉ personne du singulier	je
2ᵉ personne du singulier	tu
3ᵉ personne du singulier	il/elle
1ʳᵉ personne du pluriel	nous
2ᵉ personne du pluriel	vous
3ᵉ personne du pluriel	ils/elles

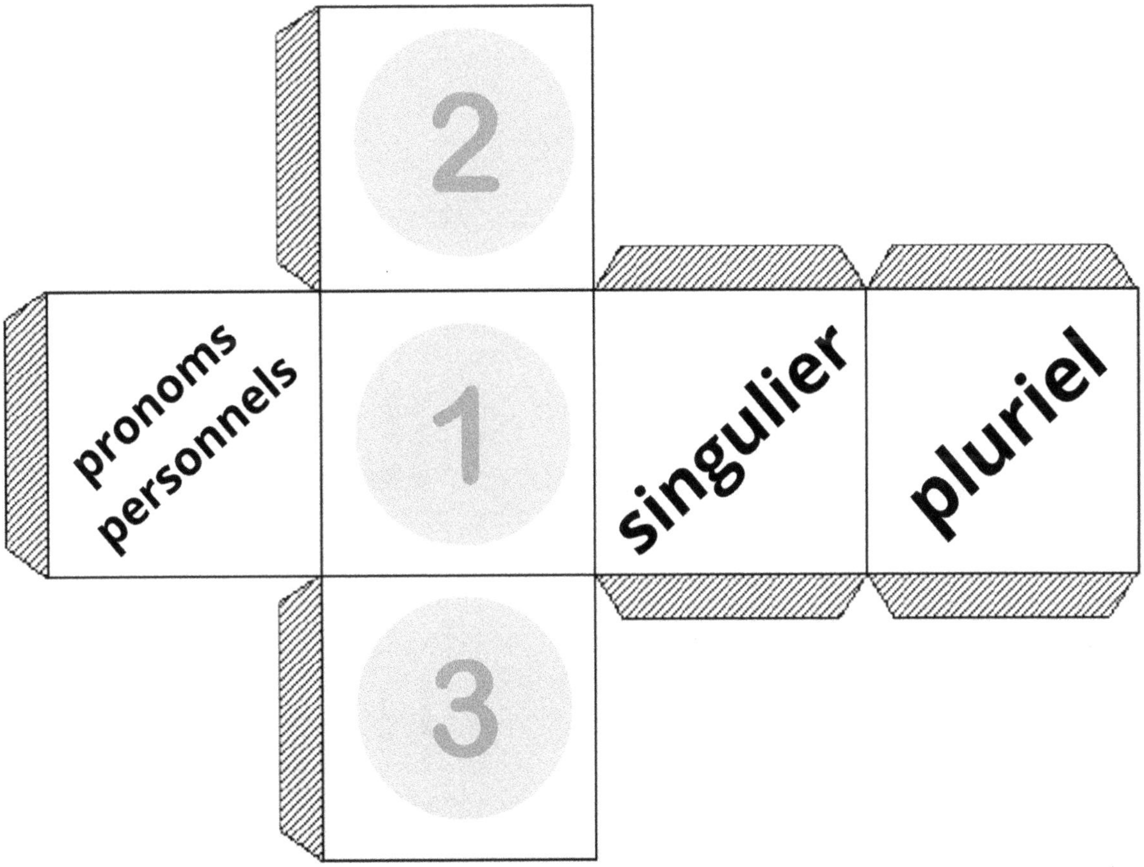

pronoms personnels

1 2 3

singulier pluriel

LA 3ᵉ PERSONNE

JEU C-1

- Partage ton ardoise en 4 parties égales.
- Écris les 4 pronoms personnels de la 3e personne.
- Écoute ton professeur te lire des phrases.
- Mets un pion dans la case du pronom personnel qui peut remplacer le sujet des phrases.

 Le garçon boit de l'eau.   La pomme est rouge.

Le poisson est bleu.

Les filles dansent.

Papa conduit la voiture.

Le chat dort.

Les poissons sont argentés.

 Ma mère mange une pizza.   La maîtresse lit.

La fille et le garçon jouent.

Mes frères vont à la piscine.

 Mamie fait un gâteau.

 Mes cousines chantent.

Papi et mamie prennent l'avion.

 Les maîtresses parlent.

LE MIME

- Associe chaque verbe à son image.
- Donne une étiquette-verbe à un camarade.
- Face à ton (ou ta) camarade, mime les verbes.
- À chaque verbe deviné, 1 point de gagné !

DES ACTIONS

DES VERBES

ÉCRIRE
SE LAVER
BOIRE
DANSER
COURIR
MARCHER
DORMIR
PARLER
RIRE
CHANTER

Pour compter les points.

JEU C-3 n°2 — LA CHASSE AUX VERBES

Cherche des verbes (dans des albums, un dictionnaire, sur les affichages...) Illustre ton verbe précise son infinitif et utilise-le dans une phrase. Présente ton verbe à tes camarades.

	MANGER

- Que fait-il ?
- Il mange.
- Le verbe est « mange ».
- C'est le verbe « manger ».
- « Manger » est l'infinitif.

Il <u>mange</u> un hot-dog et de la salade.
   V

	APPLAUDIR

- Que fait-elle ?
- Elle applaudit.
- Le verbe est « applaudit ».
- C'est le verbe « applaudir ».
- « Applaudir » est l'infinitif.

Elle <u>applaudit</u> à la fin du spectacle.
   V

LES ÉTIQUETTES DE CONJUGAISON

ÊTRE

- Découpe les étiquettes. Mélange-les.
- Place les étiquettes-pronoms personnels et du verbe être à gauche sur la table.
- Place les étiquettes des expressions à droite sur la table.
- Mets les étiquettes du verbe être dans l'ordre.
- Choisis une expression
- Place l'infinitif en haut
- Conjugue en déplaçant l'étiquette-expression au fur et à mesure.

Je	suis	en retard.
Tu	es	triste.
Il / Elle	est	en forme !
Nous	sommes	d'accord.
Vous	êtes	en train de lire.
Ils / Elles	sont	en train de manger.

ÊTRE en retard
ÊTRE triste
ÊTRE en forme !
ÊTRE d'accord
ÊTRE en train de lire
ÊTRE en train de manger

JEU C-5 — LES ÉTIQUETTES DE CONJUGAISON

AVOIR

- Découpe les étiquettes. Mélange-les.
- Place les étiquettes-pronoms personnels et du verbe <u>avoir</u> à gauche sur la table.
- Place les étiquettes des expressions à droite sur la table.
- Mets les étiquettes du verbe <u>avoir</u> dans l'ordre.
- Choisis une expression
- Place l'infinitif en haut
- Conjugue en déplaçant l'étiquette-expression au fur et à mesure.

J'	ai	chaud.
Tu	as	froid.
Il / Elle	a	peur !
Nous	avons	faim.
Vous	avez	soif.
Ils / Elles	ont	des amis.

| AVOIR chaud | AVOIR froid | AVOIR peur | AVOIR faim | AVOIR soif | AVOIR des amis |

JEU C-6 : LES ÉTIQUETTES DE CONJUGAISON

FAIRE

- Découpe les étiquettes. Mélange-les.
- Place les étiquettes-pronoms personnels et du verbe <u>faire</u> à gauche sur la table.
- Place les étiquettes des expressions à droite sur la table.
- Mets les étiquettes du verbe <u>faire</u> dans l'ordre.
- Choisis une expression
- Place l'infinitif en haut
- Conjugue en déplaçant l'étiquette-expression au fur et à mesure.

Je	fais	un dessin.
Tu	fais	du shopping.
Il / Elle	fait	du sport.
Nous	faisons	du cheval.
Vous	faites	un gâteau.
Ils / Elles	font	la vaisselle.

FAIRE un dessin

FAIRE du shopping

FAIRE du sport

FAIRE du cheval

FAIRE un gâteau

FAIRE la vaisselle

JEU C-7 — LES ÉTIQUETTES DE CONJUGAISON

POUVOIR

- Découpe les étiquettes. Mélange-les.
- Place les étiquettes-pronoms personnels et du verbe POUVOIR. à gauche sur la table.
- Place les étiquettes des expressions à droite sur la table.
- Mets les étiquettes du verbe POUVOIR dans l'ordre.
- Choisis une expression
- Place l'infinitif en haut
- Conjugue en plaçant l'étiquette-expression en la déplaçant au fur et à mesure.

Je	peux	lever le doigt.
Tu	peux	lire un livre.
Il / Elle	peut	chuchoter.
Nous	pouvons	dessiner.
Vous	pouvez	aller aux toilettes ?
Ils / Elles	peuvent	aider un camarade.

POUVOIR lever le doigt
POUVOIR lire un livre
POUVOIR chuchoter.
POUVOIR dessiner
POUVOIR aller aux toilettes
POUVOIR aider un camarade

JEU C-8 — LA MARELLE À CONJUGUER

SUR PAPIER

- Si besoin, agrandis la marelle au photocopieur.
- Découpe la marelle.
- Demande à un adulte de la plastifier.
- Écris l'infinitif du verbe que tu veux conjuguer.
- Souligne le radical.
- Entoure la terminaison ER.
- Écris le radical sur la ligne grise au feutre effaçable.
- Lis le verbe conjugué.
- Tu peux le recopier sur une ardoise ou sur ton cahier.

Attention !
- Ce jeu de la marelle se joue de bas en haut.
- Mais… en recopiant, n'oublie pas de commencer par « je »… !

SUR LE SOL

- Dessine ta marelle sur le sol avec une craie blanche.
- Écris les pronoms personnels avec une craie verte.
- Écris les terminaisons avec une craie rouge.
- Écris l'infinitif du verbe que tu veux conjuguer tout en haut de la marelle.
- Souligne le radical.
- Encadre la terminaison ER.
- Écris le radical dans toutes les cases (ou pas… tu peux aussi le mémoriser et le dire lorsque tu joueras)

C'est le moment de jouer !

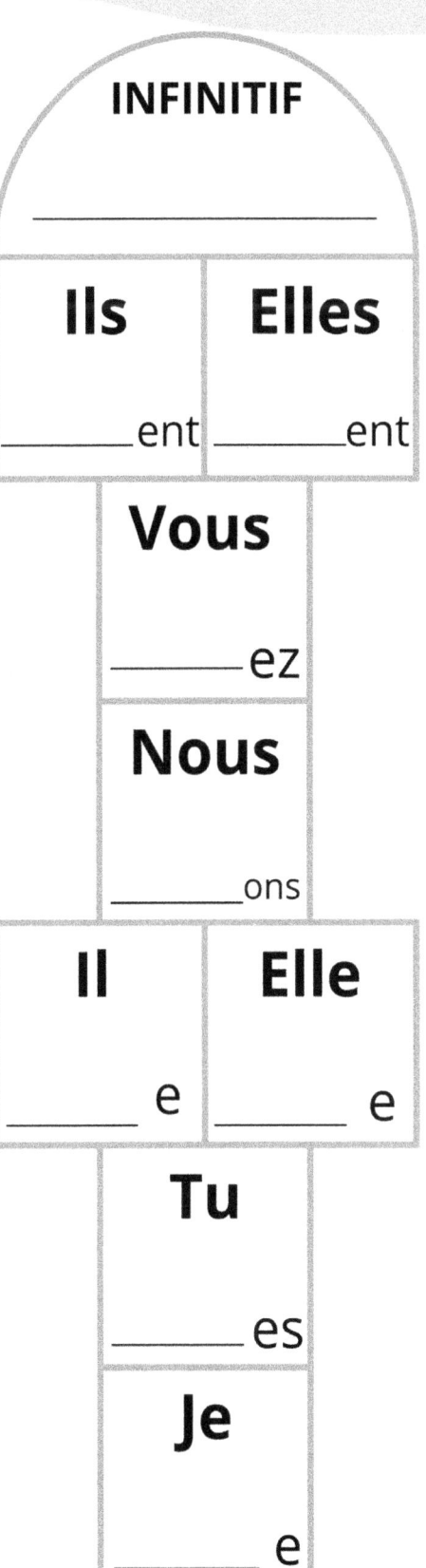

105

ACTION !

JEU C-9

- Découpe les étiquettes-« clapets ».
- Place-les sur la table.
- Écoute ton professeur.
- Pour chaque phrase que tu entends, remplace le sujet par le pronom personnel qui convient.
- Choisis les bonnes étiquettes-« clapets » et montre-les !
- Répète la même phrase avec le pronom personnel.
- Tu peux aussi écrire la phrase sur ton ardoise ou sur ton cahier.

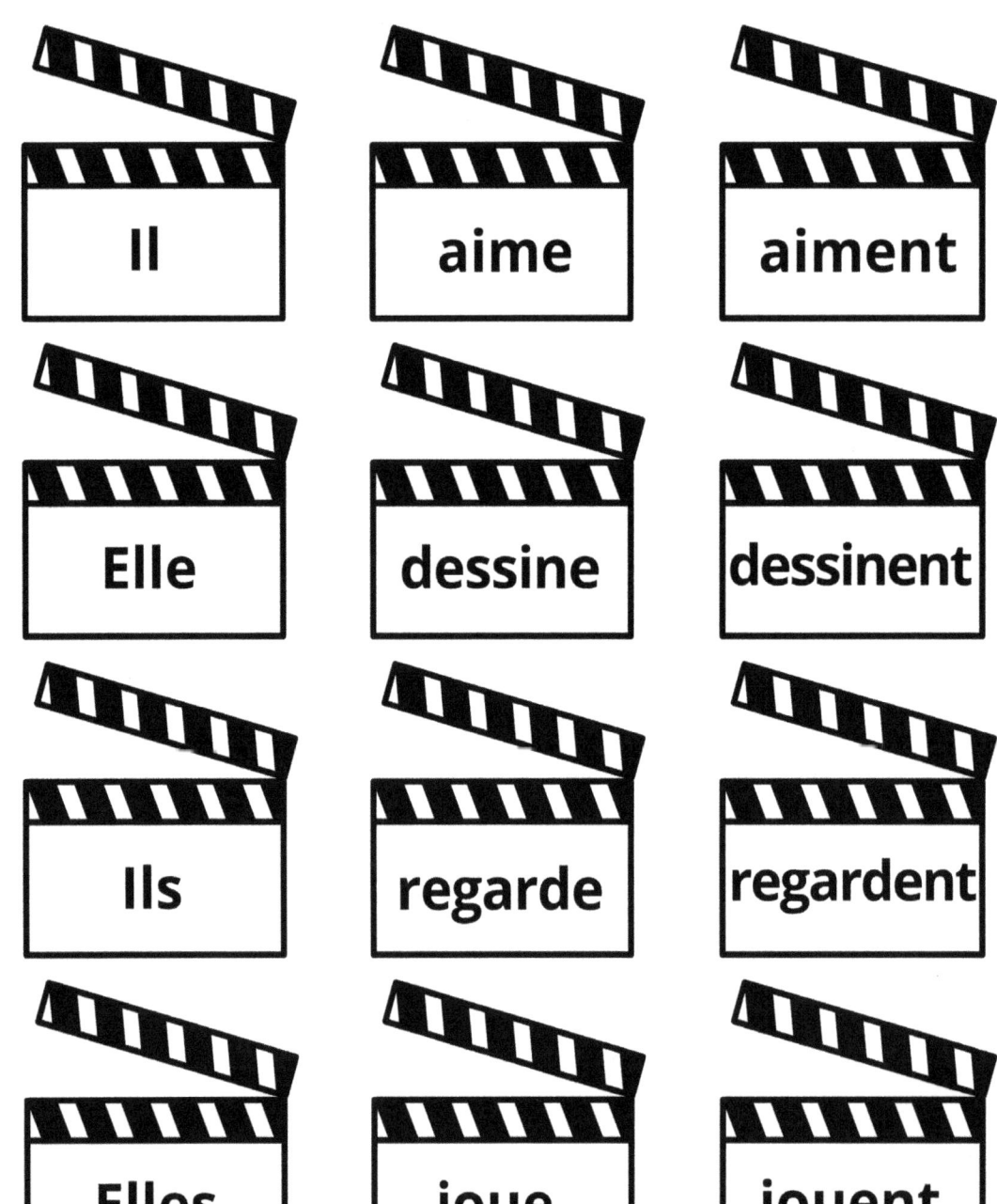

**Écoute ton professeur (ou ta professeure) te lire ces phrases...
Ou lis-les tout seul.**

- Ma soeur dessine une jolie maison.
- Mon frère dessine un arbre fleuri.
- Mes frères dessinent très bien !
- Ma soeur et mon frère dessinent un château.
- Mes soeurs dessinent des fleurs multicolores.

- Léo joue aux jeux vidéos.
- Léo et son ami Pierre jouent aux billes.
- Zoé joue à la marelle.
- Zoé et Léo jouent au ballon.
- Zoé et sa maman jouent aux cartes.

- La maîtresse aime lire des histoires aux élèves.
- Le maître aime raconter des histoires.
- Farid et Victor aiment les bandes dessinées.
- Farid et Juliette aiment l'école.
- Zoé et Julie aiment les glaces.

- Papa regarde la télévision.
- Maman regarde un film.
- Papa et maman regardent une série.
- Julie et sa soeur regardent le chat.
- Thomas et Patrick regardent un dessin animé.

JEU C-10

LES ÉTIQUETTES DE CONJUGAISON

ALLER

- Colorie les pronoms personnels en vert et le verbe en rouge.
- Découpe les étiquettes. Mélange-les.
- Place les étiquettes-pronoms personnels et du verbe ALLER à gauche sur la table.
- Place les étiquettes des expressions à droite sur la table.
- Mets les étiquettes du verbe ALLER dans l'ordre.
- Choisis une expression
- Place l'infinitif en haut
- Conjugue en déplaçant l'étiquette-expression au fur et à mesure.

Je	vais	à la piscine.
Tu	vas	au marché.
Il / Elle	va	à l'école.
Nous	allons	chez le médecin.
Vous	allez	au parc.
Ils / Elles	vont	au supermarché.

- ALLER à la piscine
- ALLER au marché
- ALLER à l'école
- ALLER chez le médecin
- ALLER au parc
- ALLER au supermarché

LA BOULE DE CRISTAL

JEU C-11

Que vont-ils faire la semaine prochaine ?

| Moi, je... | Toi, tu... | Il ... Elle... | Nous... | Vous... | Ils... / Elles... |

_____ _____ _____ _____ _____ _____
_____ _____ _____ _____ _____ _____

- Que vas-tu faire la semaine prochaine ?
- Devine ce que va faire ton (ou ta) camarade la semaine prochaine.
- Prédis ce que vont faire ces personnages la semaine prochaine !
- Conjugue le verbe ALLER au présent de l'indicatif sur la boule de cristal.
- Complète chaque étiquette avec un verbe à l'infinitif et une expression.
- Copie les phrases que tu as écrites et garde bien le secret !
- Compare ton histoire avec celles de tes camarades.

Que vont-ils faire la semaine prochaine ?

- Copie les phrases que tu as écrites et garde bien le secret !
- Compare ton histoire avec celles de tes camarades.

LUNDI, _____
_____

MARDI, _____
_____

MERCREDI, _____
_____

JEUDI, _____
_____

VENDREDI, _____
_____

SAMEDI, _____
_____

DIMANCHE, _____
_____

JEU C-12 — LES ÉTIQUETTES DE CONJUGAISON

VENIR

- Colorie les pronoms personnels en vert et le verbe en rouge.
- Découpe les étiquettes. Mélange-les.
- Place les étiquettes-pronoms personnels et du verbe VENIR à gauche sur la table.
- Place les étiquettes des expressions à droite sur la table.
- Mets les étiquettes du verbe VENIR dans l'ordre.
- Choisis une expression
- Place l'infinitif en haut
- Conjugue en déplaçant l'étiquette-expression au fur et à mesure.

Je	viens	de Chine.
Tu	viens	du Maroc.
Il / Elle	vient	de la maison.
Nous	venons	de l'aéroport.
Vous	venez	de la gare.
Ils / Elles	viennent	du supermarché.

VENIR de Chine
VENIR du Maroc
VENIR de la maison
VENIR de l'aéroport
VENIR de la gare
VENIR du supermarché

JEU C-13 — LES ÉTIQUETTES DE CONJUGAISON

DIRE

- Colorie les pronoms personnels en vert et le verbe en rouge.
- Découpe les étiquettes. Mélange-les.
- Place les étiquettes-pronoms personnels et du verbe DIRE à gauche sur la table.
- Place les étiquettes des expressions à droite sur la table.
- Mets les étiquettes du verbe DIRE dans l'ordre.
- Choisis une expression
- Place l'infinitif en haut
- Conjugue en déplaçant l'étiquette-expression au fur et à mesure.

Je	dis	bonjour !
Tu	dis	au revoir !
Il / Elle	dit	un poème.
Nous	disons	salut !
Vous	dites	la vérité.
Ils / Elles	disent	les tables de multiplication.

DIRE bonjour
DIRE au revoir
DIRE un poème
DIRE salut
DIRE la vérité
DIRE les tables de multiplication

$2 \times 2 = 4$
$3 \times 1 = 3$

JEU C-14 — LES ÉTIQUETTES DE CONJUGAISON

VOULOIR

- Colorie les pronoms personnels en vert et le verbe en rouge.
- Découpe les étiquettes. Mélange-les.
- Place les étiquettes-pronoms personnels et du verbe VOULOIR à gauche sur la table.
- Place les étiquettes des expressions à droite sur la table.
- Mets les étiquettes du verbe VOULOIR dans l'ordre.
- Choisis une expression
- Place l'infinitif en haut
- Conjugue en déplaçant l'étiquette-expression au fur et à mesure.

Je	veux	manger.
Tu	veux	boire.
Il / Elle	veut	dormir.
Nous	voulons	une glace.
Vous	voulez	un chocolat chaud.
Ils / Elles	veulent	du pain.

VOULOIR manger

VOULOIR boire

VOULOIR dormir

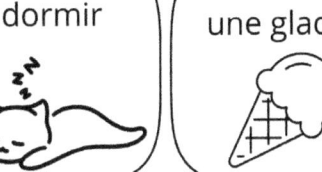
VOULOIR une glace

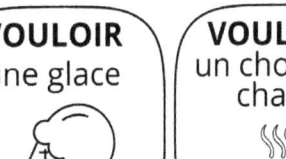
VOULOIR un chocolat chaud

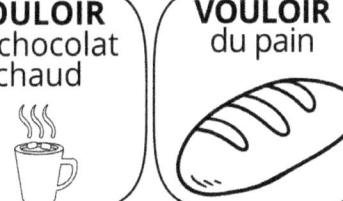
VOULOIR du pain

JEU C-15 — LES ÉTIQUETTES DE CONJUGAISON

PRENDRE

- Colorie les pronoms personnels en vert et le verbe en rouge.
- Découpe les étiquettes. Mélange-les.
- Place les étiquettes-pronoms personnels et du verbe PRENDRE à gauche sur la table.
- Place les étiquettes des expressions à droite sur la table.
- Mets les étiquettes du verbe PRENDRE dans l'ordre.
- Choisis une expression
- Place l'infinitif en haut
- Conjugue en déplaçant l'étiquette-expression au fur et à mesure.

Je	prends	rendez-vous.
Tu	prends	une douche.
Il / Elle	prend	le petit déjeuner.
Nous	prenons	le train.
Vous	prenez	le bus.
Ils / Elles	prennent	une photo.

- PRENDRE rendez-vous
- PRENDRE une douche
- PRENDRE le petit déjeuner
- PRENDRE le train
- PRENDRE le bus
- PRENDRE une photo

JEU C-16 — LES ÉTIQUETTES DE CONJUGAISON

- Raconte ce que tu as fait à l'école, hier.
- Tu peux t'aider des phrases ci-dessous...
- Ton professeur écrit les phrases au tableau et tu pourras les recopier.

Qu'est-ce que tu as fait hier ?

J' ai colorié une carte de France.

Qu'est-ce que tu as fait hier ?

Je suis allée à la cantine.

_____   _____

_____   _____

_____   _____

_____   _____

_____   _____

MÉMORY DU PASSÉ COMPOSÉ

JEU C-17

- Découpe les cases.
- Mélange-les sur la table, face imprimée retournée.
- Retourne 2 cases.
- Il faut retrouver l'infinitif et sa forme conjuguée au passé composé.

J'ai acheté.	**RÉVISER**	Léo a joué.	**MIAULER**	Tu as révisé ?	Vous avez chanté.
MARCHER	Elles ont récité.	**PARLER**	Tu as marché.	**MANGER**	**GAGNER**
Ils ont crié.	**APPELER**	Ma sœur a sauté.	**ACHETER**	Il a compté.	**COLORIER**
COMPTER	Ils ont parlé.	**JOUER**	L'oiseau a volé.	**DÉCOUPER**	Nous avons appelé.
Zoé a mangé.	**CHANTER**	J'ai colorié.	**DANSER**	Elle a découpé.	**VOLER**
SAUTER	Tu as gagné !	Nous avons dansé.	**RÉCITER**	**CRIER**	Les chats ont miaulé.

MÉMORY DU PASSÉ COMPOSÉ

JEU C-18

- Découpe les cases.
- Mélange-les sur la table, face imprimée retournée.
- Retourne 2 cases.
- Il faut retrouver l'infinitif et sa forme conjuguée au passé composé.

Je suis restée.	**ENTRER**	Théo est tombé !	Nous sommes arrivées.
TOMBER	Vous êtes restées ?	**ARRIVER**	Ils l'ont retrouvé.
Je me suis promené.	**RESTER**	Tu t'es lavé ?	**RETROUVER**
Nous nous sommes levés.	Ils se sont dépêchés.	**SE PROMENER**	**SE LAVER**
SE LEVER	Nous y sommes allées.	**ALLER**	**SE DÉPÊCHER**

VOCABULAIRE

CONTENU

Les fruits	Les métiers
Les légumes	La nourriture
Les couleurs	La ville
Le matériel scolaire	Le petit déjeuner
Les vêtements	Les émotions
Les jouets	Les formes et les volumes
Les transports	Les émotions
La météo	Dans la cuisine
La maison	La famille
Les végétaux	Les animaux

LES FRUITS	LES LÉGUMES	LE MATÉRIEL SCOLAIRE	LES VÊTEMENTS
la pomme	la carotte	la trousse	la robe
la poire	la salade	la règle	la jupe
la pêche	la tomate	la colle	la chaussette
l'orange	la pomme de terre	la gomme	les chaussettes
la prune	la courgette	le crayon	la botte
la banane	l'aubergine	le stylo	les bottes
la cerise	l'asperge	le feutre	la chaussure
la fraise	le maïs	les crayons de couleur	les chaussures
la pastèque	le fenouil	le cahier	le tee-shirt
la mûre	le radis	le livre	le polo
la framboise	l'artichaut	le bloc-notes	la veste
la figue	le poivron	l'ardoise	le blouson
la mandarine	le poireau	l'ordinateur	le manteau
l'abricot	le chou-fleur	le tableau	les gants
l'ananas	le chou	les ciseaux	l'écharpe
le kiwi	le brocolis	le trombone	le bonnet
le melon	les petits pois	le scotch	le foulard
le raisin	les haricots verts	le cartable	le pantalon
l'avocat	l'oignon	la table	le bermuda
le citron	l'ail	la punaise	le pull

LES JOUETS	LES TRANSPORTS	LA MÉTÉO	LA MAISON
la poupée	la voiture	le soleil	la cuisine
la corde à sauter	le bus	les nuages	la salle de bain
la toupie	le camion	la pluie	le salon
la voiture	le train	l'éclair	la salle à manger
les billes	le tram'	soleil et nuages	la chambre
les rollers	le métro	le brouillard	le couloir
les légos	le vélo	l'arc-en-ciel	l'escalier
les cubes	la moto	la neige	l'ascenceur
le dé	le scooter	le vent	les toilettes
les dominos	la trottinette	la tornade	la fenêtre
l'épée	l'avion	Il fait froid.	les volets
le nounours	l'hélicoptère	Il fait chaud.	la porte
le robot	la montgolfière	le jour	le mur
le ballon	la fusée	la nuit	le balcon
le jeu vidéo	la navette spatiale	la grêle.	la douche
le puzzle	le sous-marin	le bonhomme de neige	la boîte aux lettres
le jeu d'échecs	l'ambulance	Il pleut.	les rideaux
la marelle	le camion de pompiers	Il neige.	la table
la trottinette	le voilier	Il y a du vent.	la chaise
le train	le bateau	Il y a de l'orage.	le lit

EN VILLE	LES MÉTIERS	LES ALIMENTS	LE PETIT DÉJEUNER
la maison	le professeur	la pizza	le café
l'immeuble	le boulanger	les pâtes	le thé
la caserne	le pompier	le fromage	le lait
l'hôpital	l'infirmière	le hamburger	le jus de fruit
le supermarché	le médecin	la viande	le pain
la pharmacie	le cuisinier	le pain	les céréales
l'hôtel	le maçon	la salade	le croissant
le café	le plombier	le sandwich	le pain de mie
la bibliothèque	le peintre	les brochettes	la confiture
le restaurant	le journaliste	la saucisse	le miel
la station-service	le policier	les frites	le beurre
la poste	le pilote	le poisson	le nutella
le commissariat	la secrétaire	le poulet	le beurre de cacahuète
la mairie	la bibliothécaire	la soupe	les crêpes
le musée	la jardinière	le rôti	le yaourt
la rue	l'agriculteur	l'oeuf	le fromage
le parc	la coiffeuse	le riz	l'oeuf au plat
le réverbère	le mécanicien	le sel	les biscottes
le passage protégé	le chauffeur	l'huile	les biscuits
le feu de signalisation	l'électricien	les chips	les saucisses

LES VÉGÉTAUX	FORMES/VOLUMES	LES ÉMOTIONS (féminin)	LES ÉMOTIONS (masculin)
la marguerite	le carré	contente	content
le muguet	le rectangle	heureuse	heureux
les jonquilles	le triangle	triste	triste
la tulipe	le losange	surprise	surpris
les roses	le pentagone	apeurée	apeuré
l'oeillet	l'hexagone	timide	timide
l'iris	le décagone	malade	malade
le géranium	le trapèze	fière	fier
le sapin	l'ellipse	enthousiaste	enthousiaste
le saule-pleureur	la croix	méchante	méchant
l'olivier	l'étoile	gentille	gentil
le palmier	la flèche	fatiguée	fatigué
le pommier	le coeur	jalouse	jaloux
le lierre	la lune	ennuyée	ennuyé
la fougère	le cube	fâchée	fâché
le chêne	la sphère	gênée	gêné
le trèfle	le cylindre	stressée	stressé
la souche	la pyramide	pensive	pensif
l'herbe	le cône	seule	seul
la feuille	le pavé	amoureuse	amoureux

LES VÉGÉTAUX	FORMES/VOLUMES	LES ÉMOTIONS (féminin)	LES ÉMOTIONS (masculin)
la marguerite	le carré	contente	content
le muguet	le rectangle	heureuse	heureux
les jonquilles	le triangle	triste	triste
la tulipe	le losange	surprise	surpris
les roses	le pentagone	apeurée	apeuré
l'oeillet	l'hexagone	timide	timide
l'iris	le décagone	malade	malade
le géranium	le trapèze	fière	fier
le sapin	l'ellipse	enthousiaste	enthousiaste
le saule-pleureur	la croix	méchante	méchant
l'olivier	l'étoile	gentille	gentil
le palmier	la flèche	fatiguée	fatigué
le pommier	le coeur	jalouse	jaloux
le lierre	la lune	ennuyée	ennuyé
la fougère	le cube	fâchée	fâché
le chêne	la sphère	gênée	gêné
le trèfle	le cylindre	stressée	stressé
la souche	la pyramide	pensive	pensif
l'herbe	le cône	seule	seul
la feuille	le pavé	amoureuse	amoureux

ACTIVITÉS PÉDAGOGIQUES

Dans cette section, retrouve les activités détaillées dans le guide pédagogique de l'enseignant.

Planche G7 - 1

JE PLIE, JE DIS

le	parc		le	marché		les	toilettes
le	cinéma		le	stade		les	puces
la	cantine		la	maison		l'	hôpital
la	piscine		la	plage		l'	école

Planche G7 - 1 bis

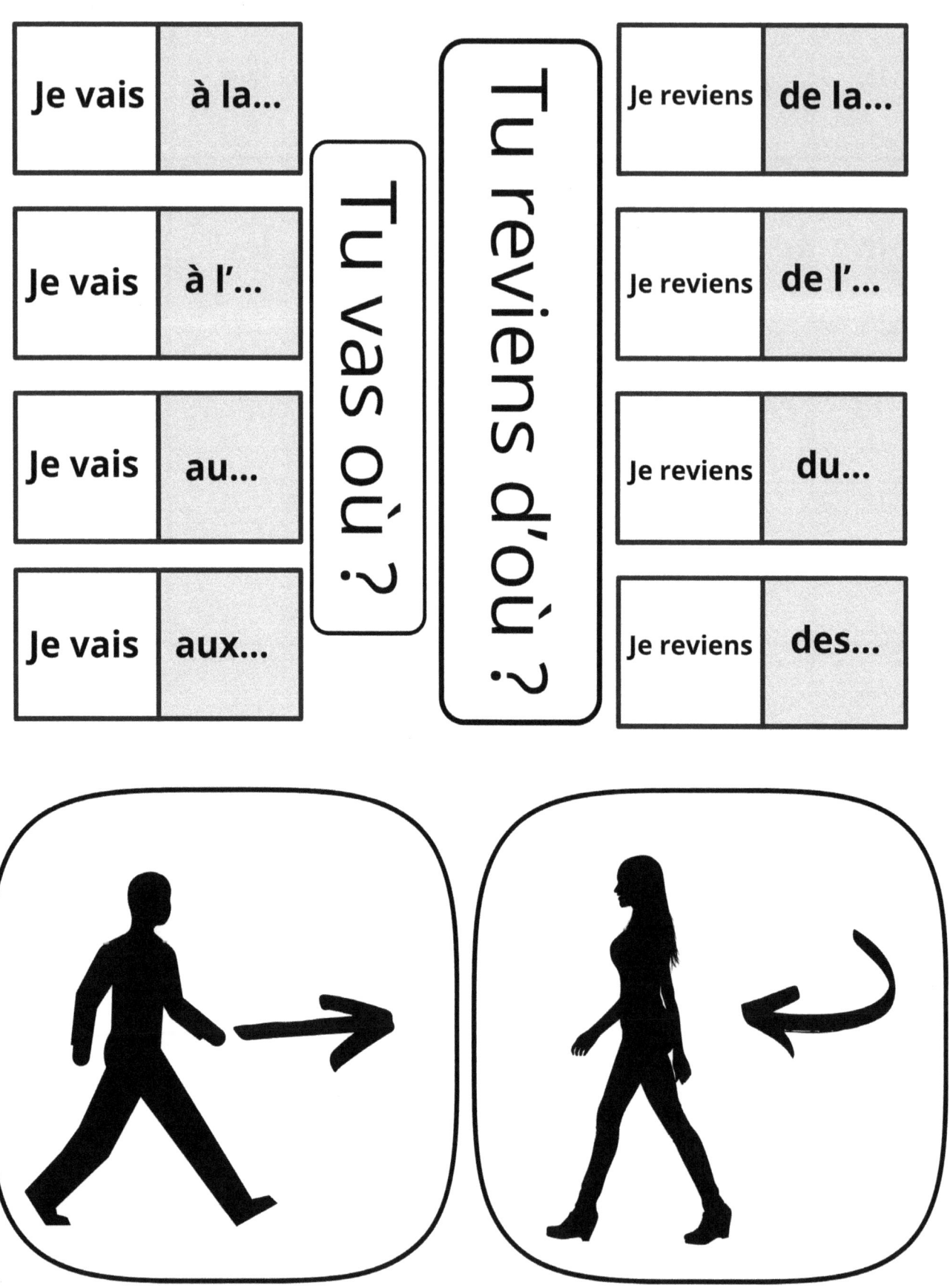

Planche G7 - 2

la ↗ pétanque	le ↗ basket	l' ↗ élastique
la ↗ poupée	le ↗ football	l' ↗ épervier
la ↗ marelle	le ↗ ping-pong	les ↗ échecs
la ↗ corde à sauter	le ↗ puzzle	les ↗ jeux vidéos

Planche G7 - 2 bis

| Je joue | à la... |
| Je joue | au... |

| Je joue | aux... |
| Je joue | à l'... |

À quoi tu joues ?

Planche G7 - 3

la	vanille	le	chocolat	les	pommes
la	citrouille	le	yaourt	les	fraises
la	cannelle	le	caramel	l'	orange
la	pistache	le	citron	l'	ananas

Planche G7 - 3 bis

| Je fais un gâteau | à la... |

| Je fais un gâteau | aux... |

| Je fais un gâteau | au... |

| Je fais un gâteau | à l'... |

Qu'est-ce que tu fais ?

Planche G7 - 4

Planche G7 - 4 bis

Je prête un crayon	à la...
Je prête un crayon	à l'...
Je prête un crayon	au...
Je prête des crayons	aux...

À qui est le crayon ?

À qui sont les crayons ?

C'est le crayon	de la...
C'est le crayon	de l'...
C'est le crayon	du ...
Ce sont les crayons	des ...

Tu prêtes un crayon à qui ?

Planche G7 - 5

la	trompette	le	piano	les	cymbales
la	guitare	le	violon	les	castagnettes
la	batterie	le	djembé	les	maracas
la	flûte	le	xylophone	l'	accordéon

Planche G7 - 5 bis

| Je joue | de la... |
| Je joue | du... |

| Je joue | des... |
| Je joue | de l'... |

Tu joues de quel instrument ?

la	pêche		le	brugnon		les	cerises
la	cerise		le	pruneau		les	pruneaux
la	date		le	litchi		les	abricots
la	mangue		l'	avocat		l'	abricot

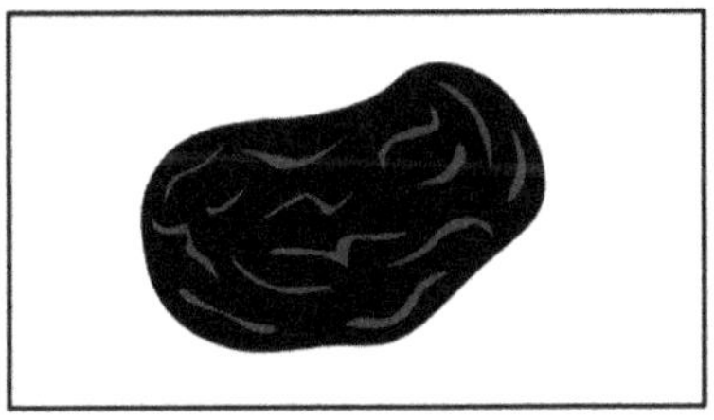

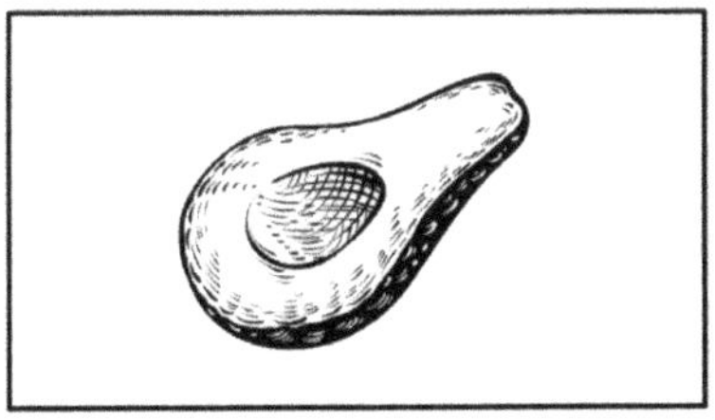

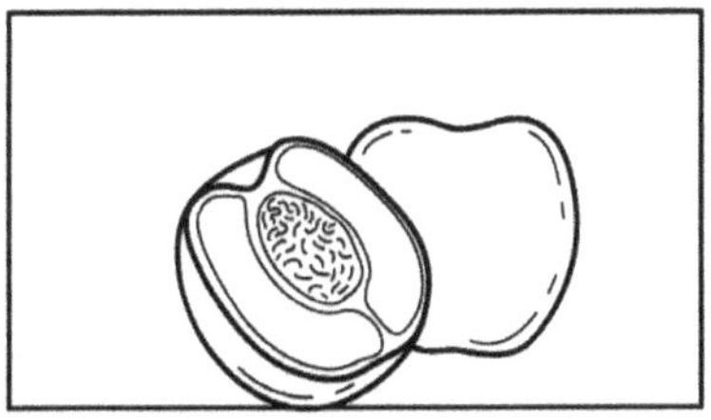

Planche G7 - 6 bis

| C'est le noyau | de la... |

| Ce sont les noyaux | des... |

| C'est le noyau | du... |

| C'est le noyau | de l'... |

C'est le noyau de quel fruit ?

Ce sont les noyaux de quels fruits ?

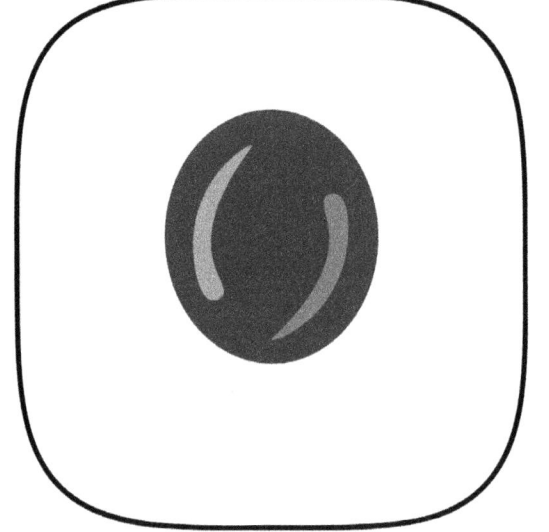

ACTIVITÉS 9 À 15

Les déterminants possessifs	masculin singulier	féminin singulier	masculin féminin pluriel
Qu'est-ce que c'est ?	___	___	___
C'est à moi !			

Les déterminants possessifs	masculin singulier	féminin singulier	masculin féminin pluriel
Oh !	___	___	___
C'est à toi !			

Les déterminants possessifs	masculin singulier	féminin singulier	masculin féminin pluriel
Oh !	___	___	___
C'est à elle ! C'est à lui !			

Les déterminants possessifs	masculin singulier	féminin singulier	masculin féminin pluriel
Oh !	—— _____	—— _____	—— _____
C'est à nous ! _____ et moi	_____	_____	_____

Les déterminants possessifs	masculin singulier	féminin singulier	masculin féminin pluriel
Oh !	—— _____	—— _____	—— _____
C'est à vous !	_____	_____	_____

Les déterminants possessifs	masculin singulier	féminin singulier	masculin féminin pluriel
Oh !	—— _____	—— _____	—— _____
C'est à elles ! C'est à eux !	_____	_____	_____

masculin singulier	féminin singulier	masculin féminin pluriel
masculin singulier	féminin singulier	masculin féminin pluriel
masculin singulier	féminin singulier	masculin féminin pluriel
masculin singulier	féminin singulier	masculin féminin pluriel
masculin singulier	féminin singulier	masculin féminin pluriel
masculin singulier	féminin singulier	masculin féminin pluriel
masculin singulier	féminin singulier	masculin féminin pluriel
masculin singulier	féminin singulier	masculin féminin pluriel

ACTIVITÉ G-16

ORIGAMI DES DÉMONSTRATIFS

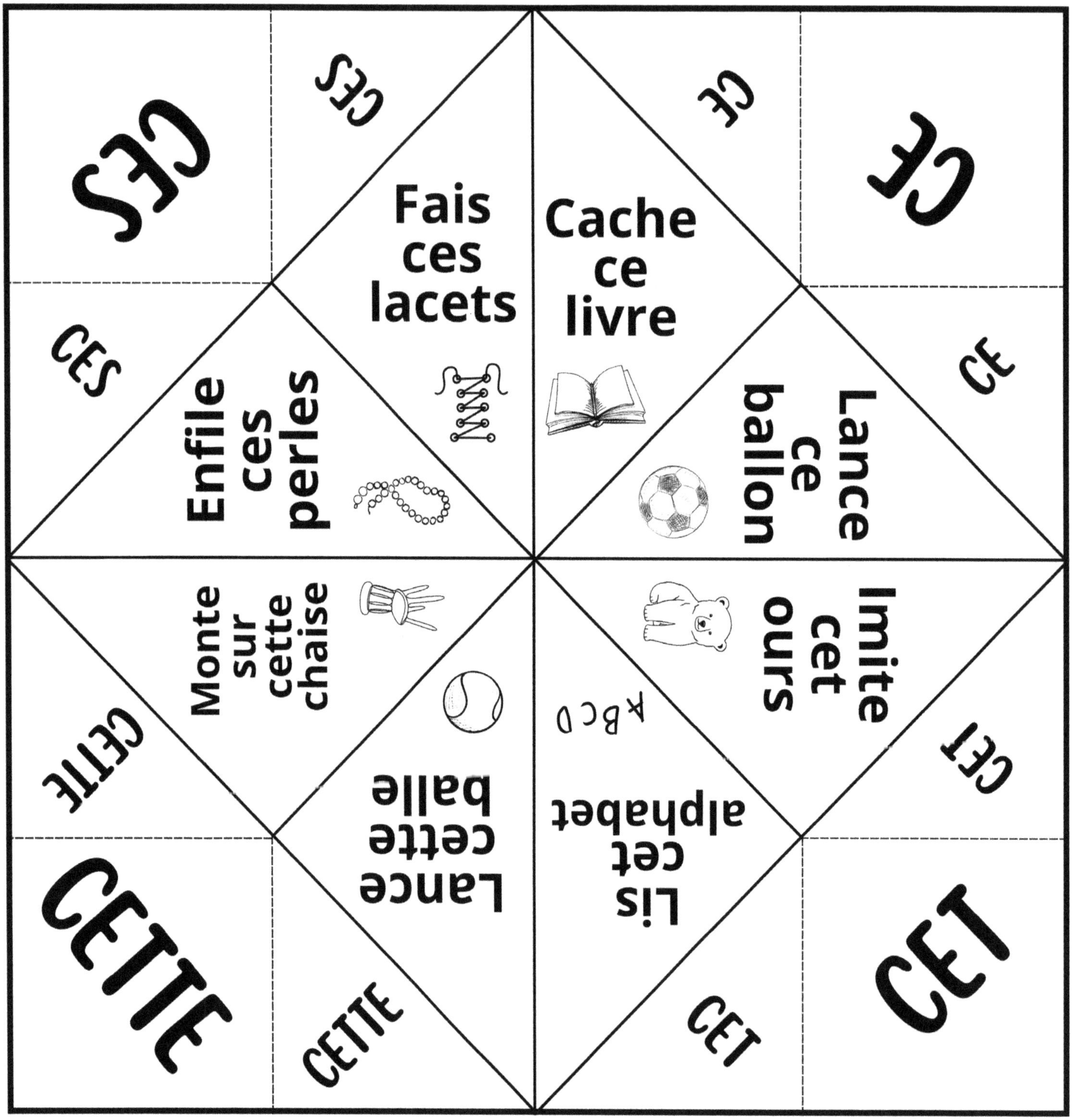

140

ACTIVITÉ G-17

MOTS-MÊLÉS

A1

À toi de trouver...

S	E	L	G	È	R
T	S	F	U	R	S
Y	M	T	P	È	C
L	W	U	Y	G	A
O	H	J	N	L	S
S	A	C	D	E	O

 • STYLO → • STYLOS

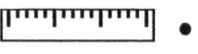 • RÈGLE → • RÈGLES

 • SAC → • SACS

À toi de créer…

- _____
- _____
- _____

- _____
- _____
- _____

A1

À toi de trouver…

T	F	W	N	D	Z	U	Q	V	T	I	C
R	M	C	O	L	L	E	S	R	A	D	O
O	T	Y	F	C	A	S	B	S	B	L	L
U	F	Z	T	N	J	S	H	A	L	H	L
S	H	H	A	H	H	U	M	C	E	P	E
S	C	Q	B	F	S	O	B	S	A	F	S
E	T	X	L	R	N	R	K	N	U	O	S
S	E	B	E	H	È	T	E	R	I	T	E
A	L	H	A	D	F	G	H	I	H	O	L
H	G	H	U	H	H	H	L	H	H	H	L
H	È	H	X	H	H	P	O	E	J	A	O
S	R	U	N	V	C	R	E	I	H	A	C

- CAHIER
- TROUSSE
- COLLE
- SAC
- RÈGLE
- TABLEAU

- CAHIERS
- TROUSSES
- COLLES
- SACS
- RÈGLES
- TABLEAUX

À toi de créer...

- _____
- _____
- _____
- _____

- _____
- _____
- _____
- _____

- _____
- _____
- _____
- _____

AINSI FONT, FONT, FONT...

DIRE		LIRE	
	- Il dit - Ils disent - Elle dit - Elles disent		- Il lit - Ils lisent - Elle lit - Elles lisent
COLLER		COLORIER	
	- Il colle - Ils collent - Elle colle - Elles collent		- Il colorie - Ils colorient - Elle colorie - Elles colorient
DÉCOUPER		EFFACER	
	- Il découpe - Ils découpent - Elle découpe - Elles découpent		- Il efface - Ils effacent - Elle efface - Elles effacent
DISTRIBUER		ENTOURER	
	- Il distribue - Ils distribuent - Elle distribue - Elles distribuent		- Il entoure - Ils entourent - Elle entoure - Elles entourent
BARRER		COCHER	
	- Il barre - Ils barrent - Elle barre - Elles barrrent		- Il coche - Ils cochent - Elle coche - Elles cochent

PLANCHE IMAGES

ACTIVITÉ C-4

VERBE ÊTRE

ACTIVITÉ C-5

VERBE AVOIR

VERBE FAIRE

VERBE POUVOIR

ACTIVITÉ C-10

VERBE ALLER

ACTIVITÉ C-11 — LIGNE DU TEMPS : FUTUR PROCHE

EXPRESSIONS DE TEMPS - FUTUR PROCHE

Demain ...	La semaine prochaine ...	Tout à l'heure ...	Dans 5 minutes ...	Cet après-midi ...
Ce soir ...	Après-demain ...	Dans une heure ...	Ce week-end ...	Demain matin ...

Mots à placer sur la ligne du temps :

aujourd'hui - hier - avant-hier - demain - passé
après-demain - présent - futur proche

LIGNE DU TEMPS : FUTUR PROCHE

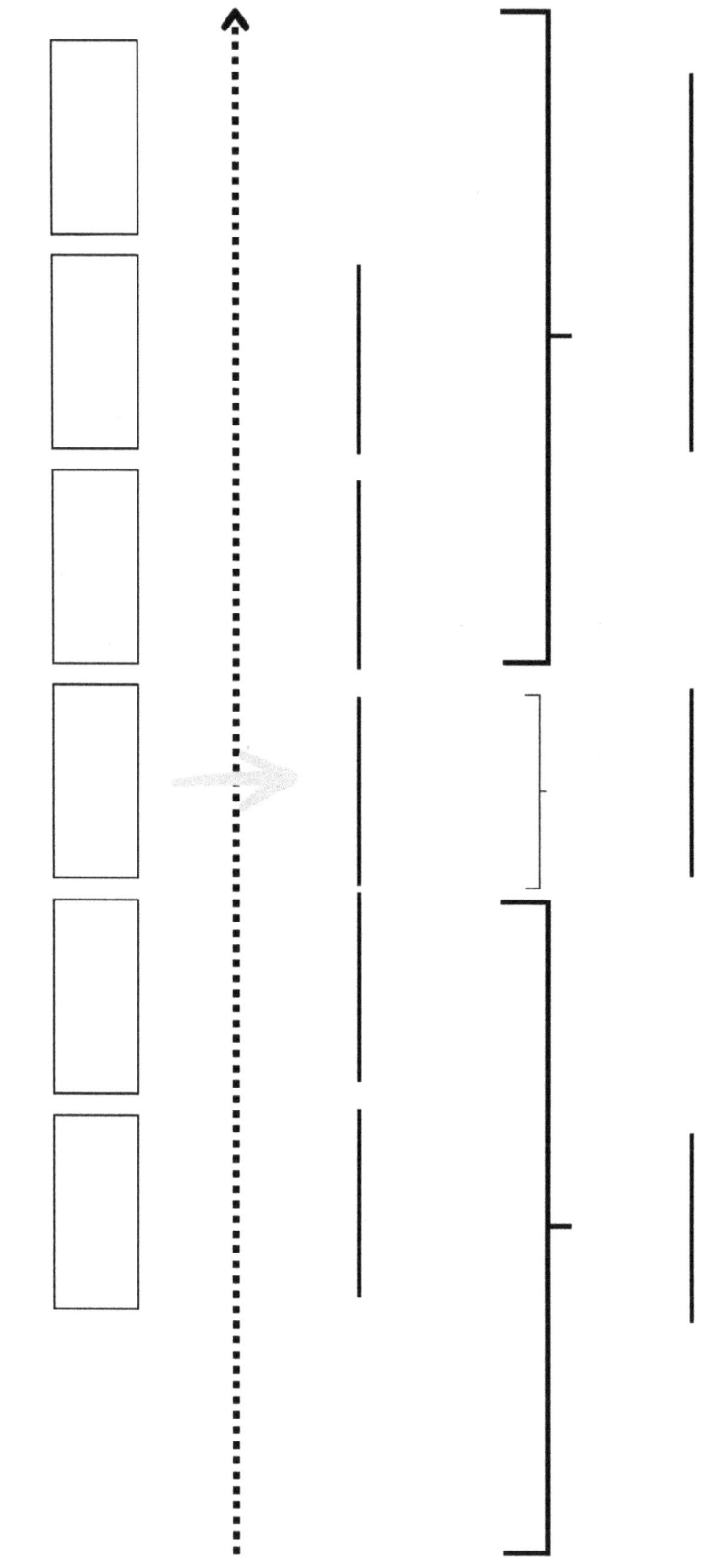

PLANCHE IMAGES

VERBE VENIR

ACTIVITÉ C-13

VERBE DIRE

VERBE VOULOIR

VERBE PRENDRE

LIGNE DU TEMPS : PASSÉ COMPOSÉ

EXPRESSIONS DE TEMPS - PASSÉ COMPOSÉ

Hier ...	Avant-hier ...	La semaine dernière ...	Il y a 5 minutes ...	Il y a une heure ...
Hier matin ...	Hier après-midi ...	Hier soir ...	Le week-end dernier ...	Le mois dernier ...

Mots à placer sur la ligne du temps page suivante :

hier - avant-hier - la semaine dernière
hier soir - hier matin - hier après-midi
Il y a 5 minutes - Il y a une heure
Le week-end dernier - Le mois dernier

LIGNE DU TEMPS : PASSÉ COMPOSÉ

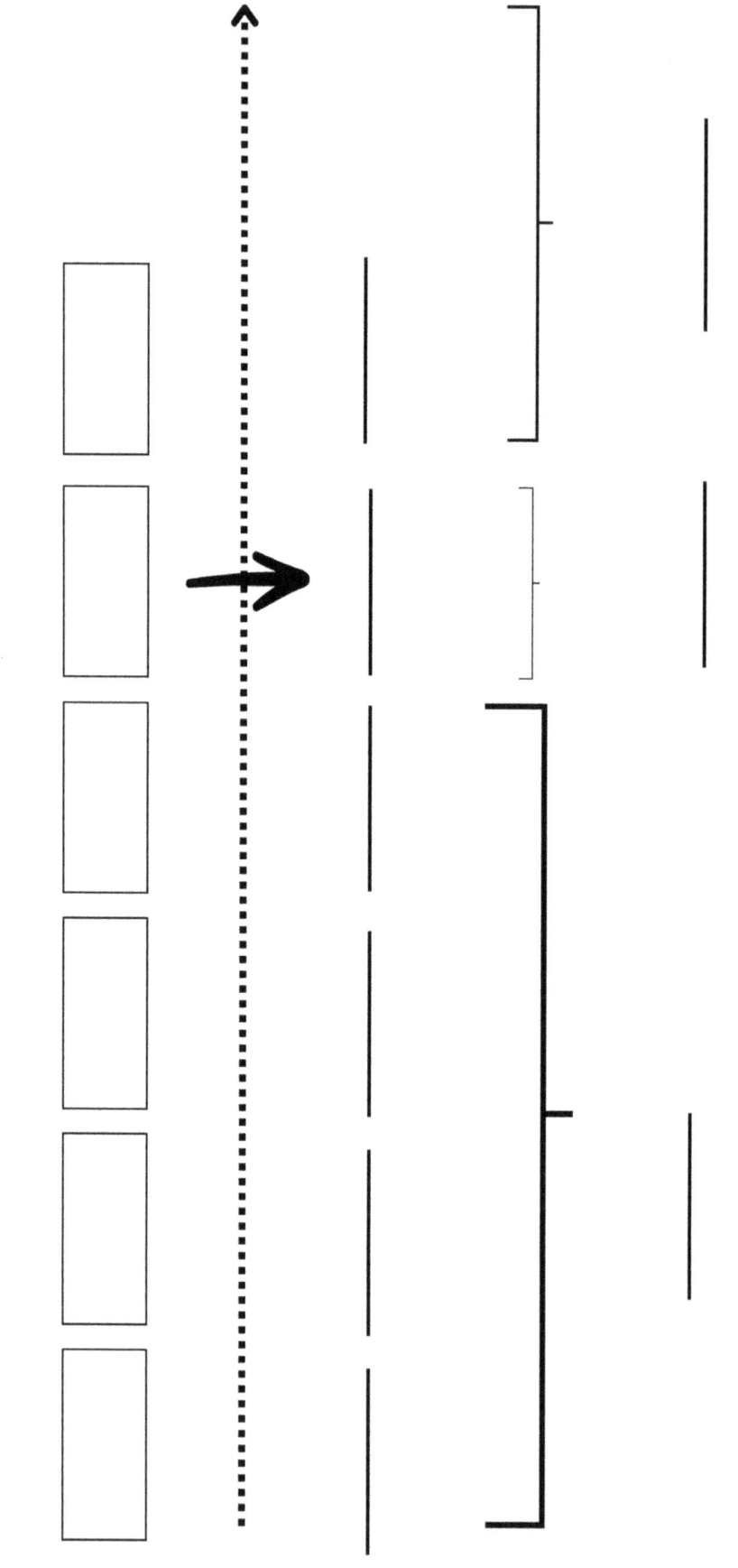

154

À PROPOS DE L'AUTRICE

Marie-Pierre Serra, auteure de « Jeux de FLE, étude de la langue » (2025), est une enseignante spécialisée certifiée FLE/FLS de l'Éducation Nationale française.

Elle a enseigné le FLE/FLS pendant plus de seize ans à des élèves d'écoles élémentaires, au sein de classes CLIN et UPE2A.

Elle a également enseigné le FLE à de jeunes élèves d'un programme bilingue français/anglais de la ville de New York pendant deux ans. Ces deux années à New York ont été une expérience très enrichissante et une formidable occasion de s'inspirer de nouvelles pédagogies, qui lui ont permis d'adapter ses propres pratiques et ainsi de créer de nouveaux supports pédagogiques.

Passionnée de méthodes innovantes dans le domaine de l'enseignement des langues, elle part trois années successives en Grande Bretagne, par le biais des programmes Comenius puis Erasmus, en formation CLIL (Content and Language Integrated Learning), méthode d'enseignement qui a été une véritable révélation !
Elle coordonne pendant deux ans un programme Erasmus K2 de partenariat stratégique de l'enseignement scolaire auquel participent cinq établissements scolaires : France, Italie, République Tchèque, Grèce et Turquie.

Riche de ces expériences multiples et d'une pratique de terrain, dont les dénominateurs communs sont la diversité culturelle, l'exposition à des langues différentes, la réussite et l'épanouissement des élèves, Marie-Pierre a développé une méthode d'étude de la langue (EDL), soucieuse de proposer des supports simples, ludiques et rassurants pour les jeunes apprenants dont le français n'est pas la langue maternelle.

Parce qu'un jeune enfant apprend mieux en jouant, en interaction avec ses camarades, il était intéressant de se pencher sur ce domaine d'enseignement et d'y apporter une approche différente, active et multilinguistique.

À PROPOS DE TBR BOOKS

TBR Books est le programme éditorial du Centre pour l'avancement des langues, de l'éducation et des communautés (CALEC). Nous publions des chercheurs et des professionnels qui cherchent à engager leurs communautés autour d'enjeux éducatifs, linguistiques, historiques et sociaux. Nous traduisons nos livres en plusieurs langues pour étendre davantage notre impact. Retrouvez-nous sur www.calec.org ou scannez le qr code.

NOUS SOUTENIR

VOTRE DON PERMET DE :

- **DÉVELOPPER** nos activités d'édition et de traduction afin que davantage de langues soient publiées.

- **DONNER ACCÈS** gratuitement à notre plateforme de livres en ligne aux crèches, écoles et centres culturels des zones défavorisées.

- **SOUTENIR** des actions locales et durables en faveur de l'éducation et du plurilinguisme.

- **METTRE EN ŒUVRE** des projets qui font progresser l'enseignement bilingue.

- **ORGANISER** des ateliers pour les parents, des conférences avec un large public, des rencontres avec les auteurs et des discussions avec des experts du plurilinguisme.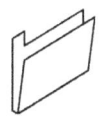

Propageons la joie grâce au pouvoir des langues.
Faites un don dès maintenant et soutenez notre mission.

À DÉCOUVRIR...

Nos autres méthodes d'apprentissage des langues

Les P'tits Créatifs
par Nesrine Chorfa & Eleni Savva

Cette méthode de français langue étrangère s'adresse particulièrement aux enfants, en proposant un apprentissage créatif et ludique qui les encourage à s'exprimer librement en français. Le livre offre un enseignement détaillé, qui peut être adapté et personnalisé selon la personnalité de l'apprenant et les besoins de l'enseignant. Les activités proposées dans cette méthode de français sont conçues pour stimuler l'imagination, la créativité et la spontanéité des enfants, tout en favorisant leur expression orale. Cette méthode est construite autour des histoires de Deana Sobel Lederman.

The English Patchwork
par Pedro Tozzi et Giovanna Lima

Le livre *The English Patchwork* est une méthode naturelle d'enseignement de l'anglais, ce qui signifie qu'il ne s'appuie pas sur une autre langue pour enseigner. En se basant sur le contexte, les notes marginales et les magnifiques illustrations du livre, les élèves doivent découvrir la signification de chaque nouveau mot et concept grammatical au fur et à mesure de leur lecture. En restant activement engagés dans la langue tout au long de chaque leçon, les étudiants sont en mesure d'apprendre plus efficacement et d'atteindre une certaine fluidité beaucoup plus rapidement.

10 Years of The Word of the Month, A Celebration
par Andrew Arnon, Benjamin Levy & Jim Sheppard

Publié mensuellement depuis 2010, *The Word of the Month* est un focus court et irrévérencieux sur les mots et termes qui font la une des journaux. Le format combine des illustrations originales avec des mots, des définitions, des exemples et des expressions provenant des membres de l'équipe créative de *Gymglish*. Chaque entrée mensuelle est traduite en français, mais l'objectif est d'amuser et d'éduquer le lecteur avec un anglais accessible, pratique et moderne.

Nos livres jeunesse

Sara, Roumaine en France, Française en Roumanie par Christel Houée

Sara, Roumaine en France, Française en Roumanie est un récit captivant qui met en lumière les expériences d'adolescents qui s'adaptent à la vie en France. À travers l'histoire de Sara, une petite Roumaine, le livre s'intéresse à la transformation et à l'intégration scolaire des jeunes immigrés. L'autrice, elle-même enseignante, souligne l'importance d'écouter et d'accompagner ces élèves dans leur parcours.

Biscotte
par Karine Cohen-Dicker & Agnès Angeles

Biscotte et le drôle de nouveau est l'histoire d'une belle rencontre entre Biscotte, une petite fille à la personnalité croustillante, et un nouvel élève de sa classe, Moumou, issu d'une famille de réfugiés nouvellement arrivée. Dans ce pays, on parle français, on parle anglais, et surtout le langage universel de l'amitié.

Un livre bilingue en français et en anglais avec une activité de coloriage à l'intérieur !

Regards sans complexe
par Bertrand Tchoumi

À travers des pages pleines d'images qui illustrent la beauté, le génie et la fierté des peuples d'Afrique, l'auteur nous régale d'un texte dont les mots enrichissent, soutiennent, et affirment les identités culturelles des enfants noirs. Un vrai trésor, ce livre déborde de messages positifs et motivants pour montrer aux enfants l'avenir illimité qui s'offre à eux.

Pour en découvrir davantage, consultez notre catalogue sur calec.org.

LIRE EN 2 LANGUES

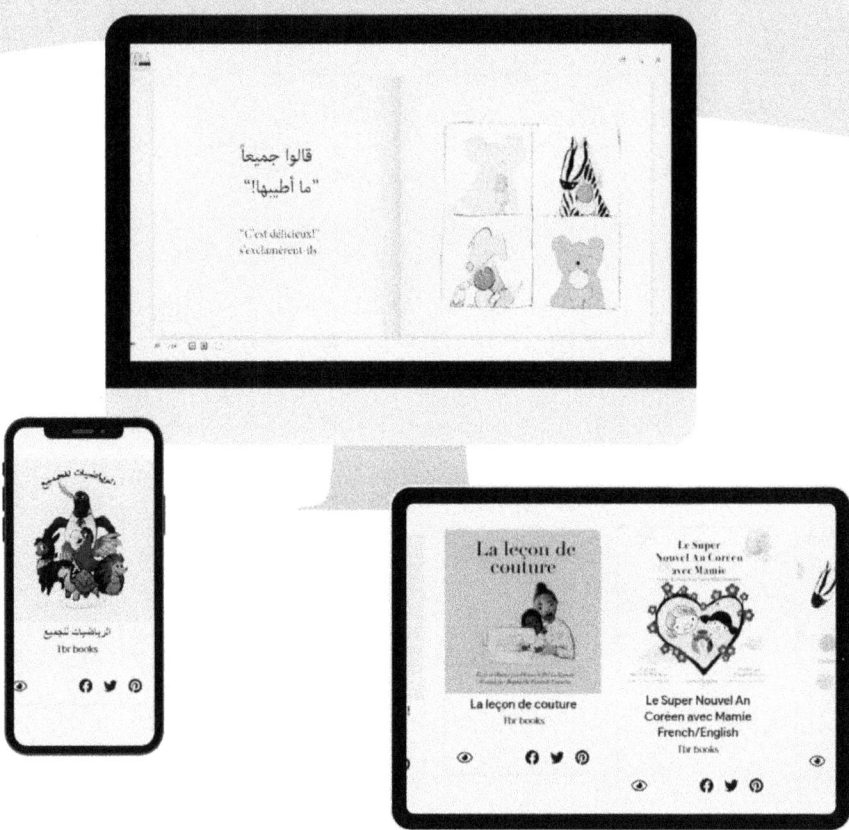

INSCRIPTION DES ÉCOLES SUR CALEC.ORG

Une méthode avérée pour augmenter les taux de bilinguisme et de bi-alphabétisation dans les écoles et les communautés est de faciliter l'accès aux livres multilingues. CALEC dispose d'une bibliothèque en constante expansion de publications dans de nombreuses langues et cultures, avec des dizaines de traductions disponibles. Nous publions des auteurs de divers horizons, avec un catalogue adapté à tous les âges et niveaux d'éducation. Notre plateforme numérique permet également de proposer **des lectures à voix haute dans plusieurs langues**, réalisées par des locuteurs natifs pour accompagner les livres, ce qui améliore considérablement l'apprentissage des langues.

Notre plateforme de livres numériques permet à CALEC de mettre à disposition des ressources éducatives essentielles pour ceux qui ne sont pas en mesure de lire ou d'interpréter les livres. Nous nous engageons à offrir un accès gratuit aux écoles et aux communautés défavorisées, en mettant l'accent sur la langue et l'éducation bilingue. Notre plateforme en ligne comprend des romans pour jeunes adultes et des livres pour enfants, accessibles aux élèves du primaire au secondaire, dans des dizaines de langues. Nous poursuivrons notre croissance pour offrir toujours plus de ressources éducatives de qualité.

Copyright © 2025 par Marie-Pierre Serra

Tous droits réservés. Aucune partie de cette publication ne peut être reproduite, distribuée ou transmise sous quelque forme ou par quelque moyen que ce soit, sans autorisation écrite préalable.

TBR Books est un programme du Centre pour l'avancée des langues, de l'éducation et des communautés (CALEC).
Nous publions des ouvrages de chercheurs et de professionnels qui cherchent à engager des communautés diverses sur des sujets liés à l'éducation, aux langues, à l'histoire culturelle et aux initiatives sociales.

TBR Books - CALEC
750 Lexington Avenue,
New York, NY 10022, USA
www.calec.org | contact@calec.org
www.tbr-books.org | contact@tbr-books.org
Autrice : Marie-Pierre Serra
Conception de l'ouvrage : Toscane Landréa
ISBN 978-1-63607-467-2 (paperback)